KAUÔ KABIECILE!

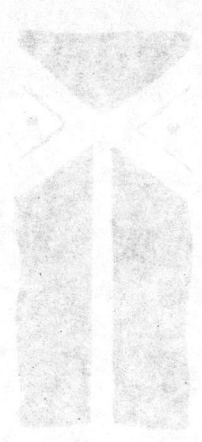

coleção orixás

XANGÔ

coleção orixás

XANGÔ

ILDÁSIO TAVARES

Rio de Janeiro
2ª edição | 2ª reimpressão
2023

Copyright© 2000, by:
Ildásio Tavares

Editor:
Cristina Fernandes Warth

Coordenação Editorial:
Heloisa Brown

Coordenação da Coleção:
Helena Theodoro

Revisão Tipográfica:
Maria do Rosário Marinho
Heloisa Brown

Concepção Gráfica de Capa e Miolo:
Luciana Justiniani

Editoração Eletrônica:
Geraldo Garcez Condé
Geni Garcez Condé

Fotolitos de capa:
Beni

Todos os direitos reservados à Pallas Editora e Distribuidora Ltda. É vetada a reprodução por qualquer meio mecânico, eletrônico, xerográfico, etc. sem a permissão prévia por escrito da editora, de parte ou da totalidade do conteúdo e das imagens contidas neste impresso.

Este livro foi impresso em fevereiro de 2023, na Gráfica Impressul em Jaraguá do Sul. O papel de miolo é o offset 75g/m2 e o de capa é o cartão 250g/m2.
A fonte usada no miolo é a Gill Sans 10/17.

CIP-BRASIL. CATALOGAÇÃO-NA-FONTE.
SINDICATO NACIONAL DOS EDITORES DE LIVROS, RJ.

T23x 2.ed.	Tavares, Ildásio, 1940- Xangô / Ildásio Tavares. – 2.ed – Rio de Janeiro : Pallas, 2002. :il. – (Orixás; 2) 17cm ISBN 85-347-0321-3 1. Xangô (Orixá). 2. Orixás – Culto. I. Título. II. Série.	
00-0716		CDD 299.63 CDU 299.6.2

Pallas Editora e Distribuidora Ltda.
Rua Frederico de Albuquerque, 56 – Higienópolis
21050-840 – Rio de Janeiro – RJ
Tel.: (0XX21) 2270-0186
E-mail: pallas@alternex.com.br
Home Page: www.pallaseditora.com.br

Enu eja pa eja

a Dorival Caymmi, Obá Onikoyi
a José Santiago Gonzales de Codes, Obá Xorun
a Muniz Sodré, Obá Aresa
a Luís Domingos, Obá Telá
a Tadeu, Obá Eierin
a Rodolpho Tourinho Neto, Otun Obá Arolu

e a Ildásio Tavares Jr.,

                              filhos de Xangô

SUMÁRIO

APRESENTAÇÃO ♦ 15

PRIMEIRA PARTE: O NOME ♦ 21

1 OS NOMES QUE NÃO NOMEIAM ♦ 23

2 O CAMINHO QUE NÃO SE CAMINHA ♦ 29

3 O NOME QUE NÃO SE NOMEIA ♦ 35

4 O CAMINHO DO TERREIRO ♦ 45

5 OS NOMES DOS MINISTROS ♦ 53

6 O CAMINHO DA DISPERSÃO ♦ 59

7 O CAMINHO DO REI ♦ 67

SEGUNDA PARTE: O CAMINHO

75 ♦ **O CAMINHO DO NOME** 1

81 ♦ **O CAMINHO DOS NOMES** 2

89 ♦ **CAMINHO LITÚRGICO** 3

95 ♦ **O CAMINHO DO SACRIFÍCIO** 4

99 ♦ **O CAMINHO DOS SÍMBOLOS** 5

111 ♦ **O CAMINHO DAS FOLHAS** 6

121 ♦ **O CAMINHO DA COR** 7

147 ♦ **CONCLUSÃO** 8

Apresentação

Reunir um grupo de estudiosos para escrever sobre os orixás, seu significado e sua importância na preservação da cultura e da identidade dos negros no Brasil é tarefa complexa, que se transforma num processo relativamente simples, quando se conta com a colaboração e o axé de Mestre Agenor, Mestre Didi, Mãe Stella de Oxóssi, Juana Elbein dos Santos, Marco Aurélio Luz, Ildásio Tavares, Cléo Martins, Roberval Marinho, José Flávio Pessoa de Barros, Nei Lopes, Luís Filipe de Lima, Dalmir Francisco e muitos outros companheiros de fé e de luta.

A coleção Orixás, ao lidar com as dimensões do sagrado, do ritual e do lúdico dentro da tradição negro-africana, busca evidenciar como **o mistério** e **o maravilhoso** são aspectos da vida social que caracterizam as raízes profundas da existência coletiva, já que o imaginário faz parte das coisas do mundo, lhes dando ordem e sentido.

A cultura negra no Brasil criou estratégias próprias de resistência para uma população que não tem outras armas a não ser sua crença na vida, no poder do existir, na energia de seus orixás, que lhes propicia **axé** – poder de realização, fazendo com que vejam o lúdico como a maneira que o grupo encontrou para enfrentar o trágico ou para cumprir o destino. Assim, o negro reza tocando, cantando, dançando, comendo, usando o seu imaginário para lidar com mitos e ritos que permitem a continuidade do existir da comunidade-terreiro, que funciona como limites que distinguem a tradição cultural negra da tradição cultural branca, estabelecendo, ao mesmo tempo, o intercâmbio entre o tempo e o espaço do terreiro e o da sociedade global. Tais limites caracterizam o poder de cada um desses contextos sociais.

Segundo os nagôs, Olórum é a força suprema, estando abaixo dessa força maior, as forças da natureza – **os orixás** e os espíritos dos antepassados – os *eguns*. As forças da natureza podem ser invocadas através de objetos (assentamentos) e de verdadeiros altares vivos (pessoas) que têm o privilégio de recebê-las em seu próprio corpo. Cada elemento que constitui o ser humano se deriva de uma entidade de origem (orixá) que lhe transmite suas propriedades materiais e seu significado simbólico, sendo fundamental venerar esta matéria de origem para que se possa prosperar e ter proteção no mundo.

ILDÁSIO TAVARES, Obá de Xangô do Ilê Axé Opó Afonjá assina o livro sobre Xangô, o orixá da justiça, da continuidade histórica do grupo, representação da força de vida e da luta pelo poder. Nascido numa fazenda de cacau na Bahia, Ildásio foi menino para Salvador. Cresceu no

• **XANGÔ** •

Campo da Pólvora, entrando desde cedo em contado com a cultura negra da Bahia. Foi capoeirista de Mestre Bimba com 16 anos, membro do Afoxé Filhos de Gandhi desde os 17 e, muito cedo, iniciou-se no candomblé, no samba de roda, no samba duro, no canto e na dança. É bacharel em Direito, Mestre, Doutor e Pós-Doutor em Letras, sendo, também, compositor de música popular, tendo mais de cinqüenta canções gravadas por Alcione, Maria Bethania, Nelson Gonçalves, Vinícius e Toquinho. Recebeu em 1993 o Prêmio Jorge de Lima de poesia, e em 1998 o Prêmio Ribeiro Couto, Obras Publicadas, da União Brasileira de Escritores. Suspenso Ogã de Oxum (Ogan Omi l'Arê) há 31 anos, é confirmado há 28, sendo confirmado Obá de Xangô há 13 anos.

• XANGÔ •

PRIMEIRA PARTE: O NOME

1 | Os nomes que não nomeiam

Fala-se com muita segurança, empáfia (e até injúria) em religião negra, religião africana, religião afro-brasileira, ou culto, mais pejorativamente. Esta terminologia é facciosa, discriminatória, preconceituosa, redutiva e falsa. Auerbach dizia que os maus termos, em ciência, são mais danosos que as nuvens à navegação. Negro é um termo que toma por parâmetro uma cor de pele que nem sequer é negra. Que seria religião negra? Aquela praticada por negros, apenas, ou aquela criada por negros e praticada por brancos, negros, mulatos ou alguém com algum dos 514 tipos de cor achadas no Brasil por Herskovits? Religião negra é um termo evidentemente racista quer usado pelo branco para discriminar e inferiorizar o negro, quer usado pelo negro para se autodiscriminar defensivamente com uma reserva de domínio rácico e cultural.

Africano é absurdamente generalizante, na medida em que subsume uma extraordinária pluralidade e diversidade cultural em um rótulo simplista e unívoco. Nelson Mandela é freqüentemente mencionado como um líder africano ou um líder negro. Jamais alguém chamaria Adolf Hitler de um líder europeu ou de um líder branco apesar deste ser um defensor da superioridade dos arianos que não são necessariamente brancos, vez que a maioria dos judeus é de brancos, assim como os poloneses;

e Hitler os tinha como inferiores, perniciosos e queria eliminá-los da face da Terra. Este rótulo redutivo lembra-me o episódio de nosso grotesco e absurdo presidente Jânio Quadros chamando o intelectual sergipano Raimundo de Souza Dantas, para ser embaixador do Brasil na África por ele ser de pele escura. Quando o perplexo Raimundo replicou: "Excelência, a África é um continente! Como posso ser embaixador do Brasil em um continente?" O burlesco presidente respondeu: "Não importa, o senhor vai ser embaixador do Brasil na África". E foi. Sediado em Gana. Este é o típico exemplo de absurdo brasileiro, de seu surrealismo de hospício que muitos adotam como postura científica, para empulhar os tolos, os ingênuos e os incautos, armadilha perpetrada por canalhas para capturar os obtusos, diria Rudyard Kipling ao deixar o colonialismo para definir o Super Homem.

◆ XANGÔ ◆

O rótulo afro-brasileiro também é falacioso. Aprendi no curso primário que o povo brasileiro está composto basicamente de três etnias, a dos índios, vermelha; a dos europeus, branca, e a dos africanos, preta. Por definição, portanto, brasileiro é a combinação de índio, africano e europeu, branco, vermelho e preto em proporções variáveis, é claro. Já se disse, jocosamente, que as árvores genealógicas no Brasil (em sua maioria ginecológicas, matrilineares) ou dão no mato ou na cozinha, ou dão em índio ou em negro, para satirizar a falsa, a ansiada brancura de nosso povo que nem a importação de italianos e alemães conseguiu satisfazer, muito pelo contrário, eles é que escureceram, ao menos culturalmente, assim como os amarelos, haja vista a presença de babalorixás na Liberdade, São Paulo, no Paraná e em Santa Catarina, para não falar de Escolas de Samba de olhos oblíquos.

Ora, se brasileiro já quer dizer parte africano, afro-brasileiro será redundante. Resolvendo a equação, temos: B = A + I + E ou seja Brasileiro é igual a africano + índio + europeu. Logo AB (Afro-brasileiro) será igual a A + AIB (Africano + índio + Brasileiro). Tem africano demais nessa equação. Eliminando o termo igual, discriminaremos o Afro-brasileiro. A única solução é especificar a origem cultural (ou etnográfica, se quiserem) da religião. Para mim seria adequado dizer-se religiões brasileiras de origem africana, índia ou judaico-européias, todas nossas. Mas como seria longo demais e detesto siglas, prefiro falar religiões jeje-nagôs-brasileiras. É mais adequado. Pode não ser preciso. Mas a precisão é um desiderato dos relógios suíços, dos músseis, dos navios que não afundam e dos filósofos positivistas. Não tenho simpatia por nenhum dos quatro.

2 | O CAMINHO QUE NÃO SE CAMINHA

A criação é, na cultura iorubá (como em outras culturas), a passagem da unidade para a pluralidade, mas, ao mesmo tempo, a passagem do estático ao dinâmico. O ser inicial, uno, imóvel, irrompe, por efeito de Exu, em som e luz (como no *Big Bang* da Física oficial) e a primeira luz a brotar da imobilidade incolor e opaca é a luz branca, Obatalá. Desta originam-se as luzes de outras cores, todas, enfeixadas originalmente pelo branco, originam-se os demais orixás, agrupados simbolicamente pelas cores do arco-íris, suas combinações, nuanças e matizes, numa progressão do estático para dinâmico. O primeiro Exu teria a resplandecente cor prateada da laterita, numa concepção antropomórfica – Exu, no início, aparece como o propulsionador, o catalisador, o ativador que retira Olórum da inércia; que dinamiza esta massa primeva, inerte, incolor, opaca, imóvel.

Distribuem-se pois os orixás, não como seres individuados, mas como faixas de energia cósmica mais ou menos dinâmica, a partir da relativa imobilidade de Obatalá, o proto – Oxalufã, o Oxalá velho, chamado de primeiro Oxalá, o rei do branco.

Velho no candomblé fica como metáfora antropomórfica de estático, relativamente estático, porque somente Olórum teria sido absolutamente estático até ser contaminado por Exu, o absolutamente dinâmico. Nenhum dos dois conceitos pode ser absorvido ou sequer imaginado pela mente humana, relativa, finita. Teoricamente, o universo se entenderia num infinito, simbolizado pela união de Oxumarê e Euá, a serpente macho engolindo a ponta da cauda da fêmea e vice-versa formando um círculo perfeito, o arco-íris, o Yin/Yang dos orientais, metade macho no céu, metade fêmea na água. Apenas uma vez em minha vida tive oportunidade de presenciar esse espetáculo de 360° de uma janela sobre o mar calmo de uma enseada da Bahia, e sentir um toque de leve do infinito, ou ao menos de algo perfeito, sem princípio ou fim.

Orixá, então por etimologia e definição, seria seleção de cabeça, mas precisamente seleção de faixa cósmica o que redunda, em última análise, em seleção de consciência cósmica, o tipo de energia ou de estação em que se devem alimentar nossos receptores ou em que devem sintonizar por serem a ela semelhantes; não idênticos, deve-se frisar. Criamos nossos criadores e somos criados por eles numa dialética de semelhança, mas por livre arbítrio, deles podemos nos afastar; nos diferenciar; mesmo que isso venha a significar, como em quase todos os casos, uma perda de energia, doença, pobreza, insucesso e morte, uma perda de axé.

Quando se menciona o nome de um orixá, Xangô, por exemplo, se faz uma referência onomástica. Nomeia-se uma certa faixa, digamos, de energia cósmica que deve alimentar um certo tipo de cérebro e desenvolver uma certa consciência planetária e cósmica que integra o indivíduo perfeitamente ao seu ambiente e ao cosmo, na medida em que ele se aproxima de si mesmo, de sua identidade interior e profunda, que não se restringe aos estreitos limites do indivíduo mas a uma energia, uma força, um axé, que nele se encarnou para cumprimento do seu destino de luz, tomando como ponto de partida o aiê, o espaço do visível, ou mais grosseiramente, o mundo, palco da ilusão do sofrimento, maia como determina a cosmologia indiana.

Meu orixá, meu eledá é minha fonte primeira de energia, de luz, de autoconhecimento, de identidade. Caso eu sintonize com ele, trilharei o caminho da iluminação, *iwa pelé*. Caso não, estarei sujeito às regras do acaso, aos caprichos de Exu e só sabendo o ebó correto poderei retomar caminho. Aí é que entra uma das funções primordiais de Exu, como *trickster*, *joker*, moleque, anarquista, baguncero, promovendo o caos não gratuita e irresponsavelmente, mas para que o indivíduo se dê conta do seu desatino, de sua desorientação, porque, às vezes, só perante a catástrofe ou a tragédia o ser humano se dá conta do seu estado de desvario, e da iminência de seu holocausto. Fora de sua alimentação espiritual autóctone, o ser humano perde axé, entra num processo de desordem e autodestruição até a ruína e a morte precoce.

Urge que se faça o ebó correto. E para sabê-lo, urge que se consulte o oráculo, Orumilá-Baba-Ifá. E, tomadas as devidas providências, o axé se restaura, reencontra-se o caminho da iluminação a que conduz esse orixá e, afinal, a Olórum. Aos pés do orixá, em integração com sua faixa de energia e aos pés de Deus em perfeita integração cósmica. O que isto significa, eu não sei, mas sei que é assim. Axé.

3 | O NOME QUE NÃO SE NOMEIA

Segundo Antônio Alberico de Santana, atualmente o mais antigo obá de Xangô do Ilê Axé Opô Afonjá, o Obá Kankanfô (filho do legendário Miguel Santana fundador deste Ilê e detentor de uma rica pluralidade de títulos no candomblé da Bahia como uma de suas figuras capitais), Xangô é um oriki, uma saudação, característica de uma língua polissintética como o iorubá, onde uma palavra é obtida, por vezes pela aglutinação de uma palavra-frase ou frase.

As diferenças estruturais entre as línguas polissintéticas, como o iorubá, e as línguas analíticas, como o português (que se originam de uma língua sintética como o latim), estão na base de muitos dos equívocos cometidos na tradução ou na interpretação de orikis ou mesmo de alguns nomes, ou nomes litúrgicos, os orukós, como se diz na nação de keto, ou dijinas como se diz na nação de angola, dois dos principais troncos do candomblé da Bahia. *Sprache ist sein*, dizia Heidegger: a linguagem é o ser.

Inúmeras distorções epistemológicas têm sido perpetradas por falta de um simples entendimento literal de frases ou de palavras em iorubá, que, além do mais, vêm gravadas de uma carga iniciática, portanto pejadas de segredo, awô, palavra básica na complexa religião, tantas vezes folclorizada, tantas vezes mal entendida pela ferramenta pobre de olho eurocêntrico, a enxergar tudo pela lente do preconceito e da incompreensão. Às vezes, o simpatizante prejudica mais o entendimento da religião de Ifá do que o inimigo, pois, aquele parte da pretensão enquanto este do preconceito. Tenho ouvido e lido as mais inomináveis asneiras proferidas sobre o candomblé a partir de uma pesquisa falsamente científica porque peca, por base, nos seus métodos, tentando submeter um mundo holístico e não cartesiano a um racionalismo positivista e estéril. As pessoas que incorreram nesses equívocos fundamentam-se em anos de pesquisa dentro de uma comunidade-terreiro, como se pudessem, herculeamente, resolver o aforismo. *Quem sabe não fala, quem fala não sabe*, característico das religiões iniciáticas.

Já no seu primeiro grau, a iniciada recebe o título de *iyàwó*, freqüentemente resolvido em português para iaô, literalmente mãe do segredo, aglutinação de iyà + awó. O segredo é, sem dúvida, o voto básico de uma religião iniciática. O integrante de uma comunidade-terreiro dirá: Sou awô, literalmente sou segredo, ou sou o segredo, porque numa concepção holística e integrada, alguém não "guarda segredo" ele "é o segredo", na medida em que as coisas não se dissociam analiticamente, e "eu" é o "eu e o outro". A palavra xará em português vem do tupi e quer dizer o eu outro, pois se o outro tem um nome igual imediatamente se estabelece uma relação especular, narcísica. Tupi também é uma língua polissintética e nossa civilização indígena é também é holística como a africana.

Ora, se o segredo é o voto básico do candomblé como podem certos pesquisadores não iniciados se arvorarem a legítimos intérpretes da cultura de terreiro, e, mais irritante ainda, da religião dos orixás, em sua condição de alejuós, estranhos, de fora? Se iniciados, nada revelariam. Se não iniciados, nada saberiam. O melhor era se limitarem a descrever os fenômenos exotéricos do candomblé sem procurar esmiuçar sua etiologia ou seus fundamentos. E se por acaso viessem a descobrir algo profundamente pertinente o melhor mesmo era calarem. *Enu ejá pá ejá*, dizem os mais velhos: o peixe morre pela boca. Pobre ciência européia ocidental! Quanta bobagem tem sido escrita em teu nome!

Segundo Alberico, não só o nome de Xangô é um oriki mas os nomes de todos os orixás. Onirá, uma qualidade de Iansã, seria uma aglutinação de *oya wale n'ilu irá*, Oiá entrou na terra no reino de Irá. O próprio nome de Iansã, seria, também uma aglutinação de *iya mesan orun*, mãe dos nove oruns, ou círculos do universo paralelo.

Dividem-se, por exemplo, as interpretações do nome do orixá Xapanã, conhecido como Omolu ou Obaluaiê, vulgarmente confundido como dois orixás diferentes. Ambos são orikis e uns dizem ser orno + olu, filho do Espírito, Espírito aí, capitalizado, cabe ler Deus, ou Espírito Santo, no caso de uma leitura divergente, ou mesmo convergente, o que dá no mesmo; outros dizem ser omo + ilu, filho da terra, do solo, o que é possível, devido aos atributos deste orixá. Obaluaiê, pelo mesmo princípio, poderia ser obá + ilu + ayê, rei da terra do mundo, ou rei da terra e do mundo, ou ainda obá + olu + ayê, rei do espírito do mundo ou do mundo do espírito, se quiserem. A polissemia das línguas polissintéticas é bem maior que a das línguas analíticas como a nossa que já é rica em ambigüidades.

Considerando Xangô um oriki e não um simples nome, ficaria difícil destrinchar os seus componentes, sua etimologia, ou mesmo seu significado. A presença na sílaba final de "ô" poderá ou não indicar algum imbricamento em "auô". Não sei. "Xan", é crepitar, raiar, coriscar.

• **XANGÔ** •

Antes de arriscar palpites etimológicos sem grande fundamento é melhor concluir: Xangô é um oriki. Ou um oyê, um título que este orixá teria recebido quando era o forrageiro da corte. Para se dizer o verdadeiro nome de Xangô, ainda é Alberico que informa, tem que se cortar seis orobôs ao meio e empunhar seis metades em cada mão, colocando três obis partidos ao meio na boca, três metades de cada lado, perante o assentamento do santo, a sós.

Xangô recebe outros nomes nas duas nações afro de candomblé da Bahia. Este orixá toma o nome de *Bádê* e de *Sobô* na nação de jeje, e de *Luango* e de *Unzaze* na nação de angola, Angola-Congo. Na nação de caboclo usa-se o nome Xangô mesmo. As características deste orixá variam muito pouco, principalmente na associação básica do *Obá Iná*, rei do fogo, à energia desprendida pelo raio e concentrada na pedra do raio, metais em fusão no solo, onde o raio cai, e que se solidificaram formando uma pedra em quase sua totalidade de ferro, portanto com um potente campo magnético.

Assim como Ogum é metonimicamente chamado *akorô*, tomando a coroa e símbolo da realeza pelo rei, Xangô, às vezes é saudado como *iná*, o fogo, sendo esta denominação mais freqüentemente usada para Exu. Contudo *obá*, rei, é muito freqüente (não confundir com o orixá Obá), ou *okurin*, homem, macho. As palavras em iorubá, é bom que o diga, conotam, correspondem a certas palavras ocidentais. A tradução é sempre falaciosa, haja vista o exemplo de certos audaciosos que, sem saber nada de iorubá, e, às vezes também de português, se aventuram a fazer o transbordo de um território que não conhecem para outro que mal percorreram. Quando não há uma correspondência cultural de um povo para outro, então, entramos no terreno do intraduzível.

4 | O CAMINHO DO TERREIRO

Xangô é Xangô, o corisco, o raio, o trovão, simultaneidade de som e luz, dualidade resolvida no *oxê*, seu símbolo básico. Xangô é Xangô.

E tamanha é sua importância no culto afro-brasileiro assumindo feição hegemônica que, em Pernambuco, o candomblé toma o nome de Xangô, extensão metonímica do nome do orixá ao nome do culto. Compreende-se. No candomblé, há apenas uma polaridade que não é a do Bem e do Mal, como nas religiões maniqueístas.

• **XANGÔ** •

No candomblé, as forças, as energias, os orixás dividem-se entre o vermelho e o branco, respectivamente, a corte de Xangô e a corte de Oxalá. Esta polarização simbolizada pelas cores só poderá ser entendida se houver uma iniciação, acarretando uma compreensão do sentido particular que as cores assumem no universo do candomblé na cosmogonia nagô, na dualidade vida X morte, estático X dinâmico, sempre resolvida como um confronto, jamais como um conflito terminal.

No Olorogum, guerra dos senhores, dos "lords", os pares de cada corte se confrontam com os da outra. Esta cerimônia, que ocorre no Ilê Axé Opô Afonjá no primeiro domingo após o carnaval, configura uma guerra simbólica em que os filhos do vermelho, corte de Xangô, defrontam-se com os filhos do branco, corte de Oxalá, procurando puxar, arrastar alguém da corte contrária para seu lado, até que um orixá do vermelho ou do branco se manifesta. Esta manifestação decide a guerra.

O orixá que primeiro chegou, quer seja do branco ou do vermelho, empunha a sua bandeira e lidera uma procissão em que todos os orixás confraternizam-se simbolicamente por via de seus filhos. Encerrada a procissão, o orixá que chegou vai embora e todos os orixás, segundo a tradição, vão-se para a Africa esperar o decorrer da quaresma, após a qual retornarão para atender seus filhos. Assim é a tradição do Olorogum no Ilê Axé Opô Afonjá, que é um terreiro de Xangô.

Como se vê, é grande a importância litúrgica e teológica de Xangô no candomblé. Quando mãe Aninha quis solucionar o conflito entre o poder masculino e o feminino no Ilê Axé Opô Afonjá (que corria por conta do Balé Xangô, Teodoro Pimentel, um dos fundadores da casa, e ela a ialorixá, a mãe primeira de São Gonçalo), ela criou o corpo dos 12 obás de Xangô, para entre eles disseminar o poder masculino e desconcentrá-lo. A casa havia sido criada por mãe Aninha, Eugênia Ana dos Santos, como uma réplica do reino de Oyó, destroçado na Nigéria pelos árabes e hauçás islamizados provavelmente em 1839. O chefe supremo de um reino iorubano (na verdade mais próximo do modelo de cidade-estado), era sempre totêmico, ou seja uma encarnação do orixá de quem descendia. O último Xangô encarnado, descendente diretamente da linhagem de Xangô, o último Alafin antes da queda de Oyé, era Afonjá, portanto, pertencia a esta qualidade de Xangô que foi assentado por mãe Aninha (ObáBiyi) e tio Joaquim (Obá Sanya) na roça do São Gonçalo.

Os terreiros de Xangô iniciam-se, pois, na Bahia, em alguma data posterior a 1839. Já o culto de Oxóssi deve iniciar-se lá pelo final do século XVIII, quando cai o reino de Keto que tinha Oxóssi como pai arquetípico. Contudo, o axé vindo de Oyó, ou seja do Xangô Afonjá, gerando todo requinte de reproduzir a estrutura hierárquica e política indissociavéis do reino de origem, está no Ilê Axé Opô Afonjá. Em Oyó, o poder supremo está com o Alafin, ao mesmo tempo chefe religioso e político. Liturgicamente, o poder estaria dividido entre a Iya Nassô, sacerdotisa suprema, e o Balé Xangô, contrapartida masculina. De resto, os 12 obás, corte mítica e mística, que confirmando a hegemonia de Oyó reunia 12 reis da iorubalandia sob a suserania de Xangô. São Gonçalo inicia-se imitando Oyó, não com um Xangô encarnado mas com um Xangô assentado, vindo de Oyó, Xangô Afonjá, como já dito. Mãe Aninha seria a IáNassô, título que mais tarde sua sucessora, mãe Senhora iria de fato receber das mãos do próprio Alafin de Oyó. Teodoro Pimentel seria o Balé de Xangô.

Ao entronizar-se como Iá Nassô, mãe Aninha não faz mais que assumir uma cadeia sucessória. O candomblé da Casa Branca, matriz do culto de Xangô, foi provavelmente fundado pela Iá Nassô, trazida de Oyó como escrava após 1839, queda desta cidade-estado, como vimos. Temos prova disso no nome da casa, Ilê Iá Nassô Oká ati Bamboxê Obitikô. Ao haver uma segunda cisão no terreiro (a primeira em cerca de 1849 origina o Terreiro de Gantois, Ilé Yaomi Axé Yamassê que planta o axé da mãe de Xangô), mãe Aninha leva o Axé de Afonjá em 1910 e o planta no São Gonçalo, como uma legítima réplica de Oyó. O axé da Casa Branca é de Ogodô, uma outra qualidade de Xangô.

Xangô, chefe do vermelho, rei de Oyó, dono do fogo, é um evidente símbolo solar, com seus 12 obás, seus 12 pares, seus 12 cavaleiros, e portanto um símbolo da vida, de erotismo e sensualidade, no seu melhor sentido, presidindo, inclusive, o amor, e, odiando, acima de tudo, a morte. Como se diz tecnicamente, a pior quizila de Xangô é egum, um espírito desencarnado. É tanta a ojeriza de Xangô pela morte que ele se afasta de seu filho mal ele cai doente. Xangô é o fogo da vida e por extensão o fogo da justiça, do equilíbrio, da resolução da polaridade. Por isso ele é vermelho e branco, Yin/Yang, e seu símbolo maior é o oxê, o machado de dois gumes, ora corta para o bem, ora para o mal, ora na paz, ora na guerra, mas sempre resolvendo o enigma bipolar, nunca sectarizando, vez que o caminho da iluminação para os nagôs é o caminho da doçura, da suavidade, da calma, da gentileza, *iwa pelé*.

5 | O NOMES DOS MINISTROS

O corpo dos obás de Xangô foi criado por mãe Aninha em 1935 e, desde então, personalidades, as mais destacadas da vida intelectual, social e econômica da Bahia e do Brasil, têm feito parte deste seleto grupo. Os obás dividem-se em seis obás da mão direita que podem empunhar o xeré, chocalho ritual de invocação e saudação a Xangô, e seis obás da mão esquerda. Os da mão direita são: *Obá Aré, Obá Kankanfô, Obá Telá, Obá Abiodum*, nomeado chefe dos Obás por Mãe Aninha, *Obá Arolu, Obá Olugbon*. Os da mão esquerda são: *Obá Aressá, Obá Onashokun, Obá Elerin, Obá Xorun, Obá Onikoyi e Obá Odofi*. Como os postos de Obá eram muito prestigiosos, mãe Senhora, a sucessora da mãe Aninha (mãe Bada que veio após ela governou pouco tempo), criou as categorias do *Otum Obá e Ossi Obá*, que seriam primeiro e segundo suplentes, como ocorre em quase todos os postos do candomblé. Assim, o corpo de obás foi ampliado para 36 membros.

Neste ano de 2000, em que sai este livro, o corpo de Obás está assim constituído, da mão direita: *Obá Abiodum* – Sinval Costa Lima; *Obá Aré* – Antônio Olinto; *Obá Kankanfô* – Antonio Alberico de Santana; *Obá Telá* – Luis Domingos dos Santos; *Obá Olugbon* – Augusto Costa Conceição; *Obá Arolu* – Jorge Amado. Da mão esquerda: *Obá Aressá* – Muniz Sodré; *Obá Onashokun* – Antônio Luiz Calmom

• **XANGÔ** •

Navarro Teixeira da Silva; *Obá Elerin* – Tadeu Santos; *Obá Xorun* – José Santiago Gonzalez de Codes; *Obá Onikoyi* – Dorival Caymmi; *Obá Odofi* – Vivaldo Costa Lima. Alguns destes postos têm como *Otuns* ou *Ossis* pessoas conhecidas. Assim, o *Otum Obá Abiodum* é Adriano Azevedo Filho, sobrinho da atual ialorixá, Mãe Stella. O *Otum Obá Aré* é quem escreve este livro, também *Ogã Omi l'arê*, o mais antigo da casa de Oxum. O *Obá Telá* até há pouco era Mário Bastos que, ao falecer, deixa o posto para o seu *Otum*, Luis Domingos. O *Otum Obá Arolu* é Rodolpho Tourinho Neto, e o *Ossi Obá Arolu* é Luis Roberto do Nascimento e Silva. Muniz Sodré ocupa, agora, com muita honra o trono que antes fora de Camafeu de Oxóssi, Ápio José da Conceição, figura notória na cultura baiana. O advogado Antônio Luis Calmom sucedeu como *Obá Onashokun* ao grande artista plástico Carybé, Hector Julio

• XANGÔ •

Páride Bernabo, um dos esteios da casa, presidente que foi durante muitos anos da Sociedade Civil Cruz Santa de Axé Opô Afonjá, a sociedade civil que é responsável pelo terreiro. O otum do *Obá Onikoyi* Dorival Caymmi, numa feliz coincidência, é o cantor e compositor Gilberto Gil.

Os obás de Xangós têm funções litúrgicas, principalmente no ciclo de festas dedicado a Xangô, mas também as exercem em todas as festas e cerimônias por sua preeminência hierárquica. Os obás, como ministros de Xangô, orixá da casa, e rei, têm ascendência sobre os ogãs, que são ministros dos outros orixás. São os obás, pois, uma espécie de ogãs mais graduados. A correspondente cultural de ogã em português seria senhor, *lord* em inglês. Obá seria rei, numa corte mítica e mística de 12 reis iorubás sob a hegemonia do rei de Oyó, o super-rei, orixá, Xangô. No Ilê Axé Opô Afonjá, os obás somente são inferiores hierarquicamente à ialorixá e à *Iyá Kekerê*, a mãe pequena do Axé e eventual substituta da ialorixá na sua ausência.

6 | O CAMINHO DA DISPERSÃO

A comunidade-terreiro como ela se apresenta na Bahia condiciona o culto do orixá da casa a divergir da matriz africana. Na África, o culto é totêmico e familiar. Cada orixá é cultivado prioritariamente em sua cidade-estado e, primariamente no seio de cada família que dele descenda. Considerando-se a pessoa como uma porção individuada dessa seleção de consciência cósmica que se chama orixá, essa individuação, por hereditariedade, e, geralmente por via matrilinear, passa a ser por família. Na África, é de uso, pois, cada família ter e cultuar o seu orixá, sua origem arquetípica a partir de uma identidade cósmica individuada.

Aplicando a técnica de dividir para conquistar, os donos dos escravos procuravam separar os membros das famílias que viessem juntos, enviando o pai para uma localidade, um filho para outra, uma filha para outra e a mãe para aqueloutra. Outrossim, evitava-se ajuntar etnias iguais, similares ou amigas, freqüentemente povoando as senzalas de pessoas antagônicas, inimigas ou religiosa e culturalmente adversas. Assim, os escravos eram obrigados a uma política de assimilação que findava por desenvolver; uma cultura emergencial de servidão em que as normas usuais de sobrevivência por submissão, mimetismo e adaptação somente eram rompidas pelos arroubos de rebeldia que findavam no tronco, ou no pelourinho, ou na morte, quando não alcançavam a boa fortuna da fuga e a segurança transitória do quilombo.

A divisão familiar propiciou o culto dos orixás sob forma de um limitado panteão. Fala-se de uns 400 *irunmalé* e uns 200 *eborás*, totalizando uns 600 orixás, distribuídos em faixas correspondentes de energia, do branco ao vermelho, do estático ao dinâmico. Isso na Iorubalândia, na África Ocidental. O panteão dos jeje é quase tão grande, como se pode ver no clássico livro *Casa da Mina*, de Edson Nunes, retrato fiel de culto jeje no Maranhão. O panteão jeje-nagô, na Bahia, inclui um número de orixás que não ultrapassa a casa dos 20. Este número tende a se reduzir cada vez mais, ultimamente, por esquecimento de como fazer certos orixás menos comuns. Para fazer a Euá da esposa do obá Gilberto Gil, Flora Gil Moreira, foi preciso que o prof. Agenor Miranda se deslocasse do Rio de Janeiro para Salvador, pois o babalorixá encarregado da feitura não detinha o conhecimento exato e preciso de como fazer este orixá que, oriundo do jeje, foge ao conhecimento da maioria dos babalorixás e ialorixás do Keto. O babalorixá de Flora Gil, Augusto César, hoje sabe fazer Euá e tem ampliado muito seu conhecimento com lições do grande mestre do candomblé brasileiro que é o prof. Agenor Miranda.

Os orixás selecionados e preferidos do culto no Brasil não podiam obviamente ser aqueles que propiciam as boas colheitas ou que trazem as benesses gerais e indiferenciadas. Não havia porquê os escravos adorarem os orixás protetores que viessem a fazer benefícios para seus algozes. De um modo geral, os escravos concentraram sua preferência nos orixás guerreiros e nos orixás de fundamento de sua vida, cultura, raiz e coesão, pois o culto, no cativeiro, era, mais do que uma necessidade existencial, como na África, era um imperativo visceral de sobrevivência, estabelecendo íntimos laços culturais entre escravos que, às vezes, nem tinham esse culto na África, mas agruparam-se coesamente em torno dele na diáspora Brasil/Caribe – Cuba e Haiti, principalmente, mas muito pouco nos Estados Unidos, devido à estrutura radicalmente monoteísta do protestantismo e da forte e sectária repressão calvinista.

A maioria dos orixás que sobreviveu na Bahia e no Brasil carrega um símbolo dinâmico que denota sua função guerreira. Assim a Iemanjá mais cultuada, Iemanjá Ogunté, carrega um símbolo de sua energia feminina, o *abebé*, espelho, leque, útero, mas também carrega um alfange na mão direita, assim como Oxum Apará e Oxum Epondá; Oxum Otin carrega um *ofá*, arco e flecha como seu marido Oxóssi e como Logunedé; Ogum carrega um facão, machete, espada; Omolu Jagun carrega uma lança, além

• **XANGÔ** •

do *xaxará* símbolo de união na diversidade, de somatório de ancestrais; Oxaguiã carrega espada, além da mão de pilão; Exu leva o tridente; Iansã leva o alfange; Oxumarê lança e serpente; Obá leva espada, também; Ossâim responde pela medicina, pelas ervas mas também pelos venenosos vegetais com que os negros se faziam temer; Nanã é praticamente a morte, o retorno à lama geradora que também fornece a sepultura; e Oxalá, apesar de trazer a paz – *alafia* – é senhor da vida e da morte – o branco, sua cor, é emblemática da morte entre os nagôs. É com o *opaxorô*, o poderosamente mágico e místico cajado que Oxalá ata e desata, fere, destrói ou vivifica. Aliás, Oxalá é a suprema representação do espírito ancestral, como, em última análise, os orixás todos são, com raras exceções. Todo artefato que cubra o rosto nas culturas africanas é

• XANGÔ •

indicativo de ancestralidade, da presença de um espírito, como as máscaras e o *filá*, cordões de contas ou de palhas que ocultam em parte o rosto de orixás manifestados.

7 | O CAMINHO DO REI

Xangô é decididamente um orixá guerreiro e, mais que isto, justiceiro. Carrega o *oxê*, machado duplo, machado de guerra ou caduceu da paz. Os filhos de Xangô são representados com o *oxê* em cima da cabeça para indicar a possessão por esta energia e, por extensão, a iluminação, que, numa correspondência ousada com as religiões orientais seria a indicação da ascensão da Kundalini ao chacra coronário. Xangô é sem dúvida o orixá iluminado por excelência.

Pois não é ele o senhor do fogo? Não começa seu nome com crepitar, raiar, coriscar? A iluminação nos koan indianos vem no *satori*, um instante em que um relâmpago de luz penetra no cérebro. Este é Xangô, o relâmpago, o corisco, o raio de luz que irrompe e desfaz a escuridão, o senhor da luz, a própria luz vermelha que resplandece no branco.

E, justamente em virtude da estrutura de panteão, é que um terreiro de Xangô cultua outros orixás – o terreiro florescendo como zona de aglutinação, mobilização e coesão em torno do rei; com sua grandeza e majestade guerreira, com seu papel de justiceiro, Xangô serviu muito mais ao povo negro do que a figura pacificadora de Oxalá. Símbolo supremo de vida, de realeza do negro, de luta, de tenacidade e de erotismo Xangô, sem dúvida, figura como o intenso fogo que alimentou a resistência escrava, que aqueceu, que temperou, que vivificou

• XANGÔ •

e solidificou a coesão negra, como se reúnem todos, hoje, em torno às grandes fogueiras de São João onde os negros, fingindo adorar São João menino, cultuavam Aganju, o Xangô Infante, energia incontrolável do magma que, reprimido por camadas e camadas de terra, um dia rebenta num terremoto, eclode no vulcão, como haveria de eclodir o negro brasileiro um dia, apesar da repressão.

Cumpre frisar que, as grandes casas da Bahia, as mais conhecidas e tradicionais, são em sua maioria, de adoradores de Xangô. Assim é a Casa Branca do Engenho Velho, Ilê Iyá Nassô Oká ati Bamboxê Obitikô, matriz do candomblé de Oyó na Bahia, e seus ramos, o Terreiro de Gantois, Ilê Iaomi Axé Iamassê, tão célebre por Mãe Menininha, cujo nome ficou tão famoso que a corruptela de Gantois, ganzuá ou canzuá tornou-se sinônimo de terreiro. E o Ilê Axé Opô Afonjá, das celebradas ialorixás Mãe Aninha,

Mãe Bada, de breve trancurso; Mãe Senhora, a maior ialorixá do Brasil, cantada por Vinícius de Moraes como tal; Mãe Ondina, e a atual, a venerável Mãe Stella de Oxóssi, que, na esteira de sua sucessora, ocupa o trono de rainha do mundo mágico do candomblé no Brasil como sacerdotisa de Xangô, com toda altivez e dignidade.

Essa pluralidade de culto assenta bem no pluralismo geral do mundo africano e permitiu o aparecimento de vários fatores de coesão. Uma religião que se valia do mimetismo para sobreviver tinha muito que ensinar aos escravos. Essa condição básica de *Iwa Pelé*, do caminho da suavidade, coaduna-se bem com o espírito oriental da não resistência, do *ahimsa*. Não foi à toa que um grupo de estivadores denominou o afoxé que criaram de Filhos de Ghandy. Foi, o *egbé*, a comunidade, e, principalmente o culto ao vermelho, centrado em Xangô, e em sua corte que

• XANGÔ •

engendraram a dinâmica de resistência dos escravos, embasada no espírito de coesão e preservação identitária que os orixás possibilitam e a conseqüente imitação de suas ações, identificando-se o escravo com seu orixá e seguindo o seu *odu*, caminho, que é uma lenda, que é uma canção. A força dos orixás, a astúcia dos orixás, mormente do *trickster* Exu, a sabedoria dos orixás, a flexibilidade necessária para resistir, tudo isso o escravo bebeu na cultura de resistência do terreiro. Assim como a certeza de que um dia triunfaria. Jorge de Lima, poeta maior, diz: "A canção lava a roupa da lavadeira". Dizemos: "A religião lavou o sofrimento do negro". No terreiro. No *egbé*. Empunhando o *oxê* de Xangô, ora inclinando-se para a paz, ora para a guerra, mas sempre sabendo seguir o ritmo natural das coisas através dos seus orixás *sive natura*, com Xangô, liderando a guerra de santo.

SEGUNDA PARTE: O CAMINHO

1 | O CAMINHO DO NOME

Os orixás, conforme sejam fundamentais ou derivados, geradores ou gerados, são comumente classificados como *irunmalés* e *eborás*. Vulgarmente se faz referência antropomórfica aos encantados como orixás pais, mães e filhos. Note-se que as referências antropomórficas no candomblé não passam de atitudes tipicamente humanas de reduzir conceitos complexos a categorias compreensíveis através da antropomorfização: Já mencionei a denominação orixá velho e orixá moço ou menino como uma forma de classificar a energia do orixá de estática a dinâmica – os orixás meninos e os *erês*, manifestação de energia infantil, seriam os mais dinâmicos e, portanto, mais próximos de Exu que seria, por excelência, a energia mais dinâmica. O Exu supremo seria o movimento absoluto e incessante, inconcebível, pois, em seu desprendimento de energia, aos limites da mente humana.

Dentro desses parâmetros, Xangô seria um *eborá*, o mais importante do vermelho, e um orixá filho. Não há registro em *odus* ou *itãs*, em lendas ou mitos dos filhos de Xangô. Há, sim, suas três mulheres principais e todas que Xangô trouxe ao seu leito. Este orixá detém o princípio fundamental do erotismo fálico, materialização definida do axé de Exu – o segundo Xangô da linhagem, Orungan, teria estuprado a própria mãe, Yamassê, ou Yemojá Ogunté, ou Banyi, são vários os nomes da mãe de Xangô. Deste incesto original, segundo o mito, teriam-se originado os rios, as águas, jorrando dos seios túmidos da mãe dos peixes, Iemanjá, uma das mulheres de Oxalá, mãe de inúmeros orixás. A outra mulher de Oxalá, Nanã, mãe dos orixás Exu, Omolu, Oxumarê, Oxóssi e Euá, ao passar pelo reino de Xangô foi por ele seduzida e posta em seu palácio. Conta a lenda que Oxalá, sob a forma de um velho alquebrado (como usualmente se mostra), foi em busca de sua mulher, no reino de Xangô. Descoberto e identificado como estrangeiro, portanto perigoso, Oxalá foi posto na prisão pela guarda real. Não demorou a cair sobre o reino toda a espécie de pragas, seca, fome, peste. Assustado, Xangô consultou Orumilá, o oráculo, e este lhe advertiu que o rei tinha em cárcere o mais poderoso dos orixás e, na sua alcova, a esposa deste. Xangô imediatamente mandou libertar quem em verdade era seu pai e lhe devolver quem na realidade era sua madrasta. Ninguém escapou do fogo do rei do fogo.

A primeira esposa de Xangô é Obá, orixá *funfun*, *irunmalé*, orixá guerreiro da linhagem dos orixalás. Logo Xangô toma Oxum como esposa e mostra aberta preferência por ela. Intrigada, Obá pede a Oxum que lhe confesse o segredo de seu sucesso aos olhos do rei. Astuta, Oxum lhe confessa que havia decepado sua orelha e havia dado de comer a Xangô dentro do amalá, prato feito de quiabos, predileto de Xangô. Obá então resolve apelar para o recurso de Oxum, corta sua orelha e a serve com o amalá, causando tal reação de nojo no rei que ele a expulsa do palácio. A última mulher de Xangô é Iansã, mulher, amiga, protetora e cúmplice. Foi Iansã que trouxe o fogo e o deu a Xangô que assim tornar-se-ia o rei do fogo, *obá iná*. Conta Mestre Didi que tropas sublevadas ameaçavam o palácio de Xangô quando Oiá,

• **XANGÔ** •

com a velocidade do vento, foi em busca de um *efun*, um pó que, posto na língua daria a quem pusesse o poder de expelir fogo pela boca. No caminho de volta com o *efun* em seu poder, ela, curiosa como toda mulher, pôs uma pitada na boca, e quando falou, saiu fogo. Mais que depressa ela foi ao palácio e lá, receosa da reação do rei, fez com que ele abrisse a boca e ela mesma pôs o pó dentro. As tropas rebeldes se aproximavam, o rei foi à sacada, encarou os rebeldes e gritou *Emi Xangô Obá Iná* (Eu sou Xangô rei do fogo). Quando ele disse isso, saiu uma imensa labareda de sua boca e varreu a vanguarda da tropa que, espavorida, fugiu.

Iansã é, pois, das três mulheres de Xangô a que mais sintoniza com ele, na medida em que é o vento que açula o fogo. Oiá está presente, junto com Xangô, na tempestade, comungando do axé do raio e do trovão. Contrabalançando o axé de vida de Xangô, Oiá é a mãe dos nove

• **XANGÔ** •

eguns, a mãe dos espíritos e dos nove círculos do *orum*, o universo paralelo onde estão os orixás, os mortos, os eguns, onde há uma contrapartida especular de tudo que há no *aiê*. Oiá também tem uma vida amorosa irregular em que desponta como figura relevante Ogum, de quem foi esposa no reino de Irê, com o nome de Oiá Onirá, já citado anteriormente. Oxum é uma grande paixão de Xangô, mas aí estamos diante da polaridade fogo e água. A água é que apaga o fogo mas se o fogo é forte a água ferve e evapora. Xangô, de todos os amores de Oxum, foi aquele por quem ela mais ferveu de paixão, chegando a tentar aprisionar Xangô em seu maravilhoso palácio. Todo de água.

2 | O CAMINHO DOS NOMES

Segundo os mais velhos, Xangô teria 12 nomes, 12 qualidades, como se diz. Até hoje não encontrei quem soubesse as 12. Alguns descobri por leitura e intuição, outros tive referências do Ilê Axé Opô Afonjá. Estas qualidades agrupam-se dos Xangós mais velhos, ou seja, de energia menos dinâmica, aos Xangós mais jovens, de energia mais agitada. Assim, o primeiro Xangô e o mais velho seria Orun, identificando-se com o próprio sol. Logo vem Orungá

• XANGÔ •

ou Orugan, que se pode interpretar como Senhor do Sol, este o que teria praticado o incesto com Iemanjá. Temos, em seguida, Oranyan ou Oranha, fundador do reino de Oyó, o primeiro Xangô a se encarnar na Terra. Entre os Xangós velhos, conheço ainda Ayrá, Baru e Ogodô. Entre os mais jovens, Olorokê, cultuado na nação Ijexá, Obain, Afonjá e Aganju, este até considerado por alguns como um orixá à parte, com a grafia Agayu, mas sua ocorrência no Ilê Axé Opô Afonjá e em outros candomblés é tida como uma qualidade de Xangô, Xangô menino, cuja contrapartida mimética na religião católica é São João Batista como aparece nas estampas; menino e com um carneirinho que é um dos animais que se sacrifica a Xangô, estreitando a correspondência em mimetismo do orixá e do santo católico. Faltam nesta minha lista duas qualidades de Xangô que até hoje desconheço. Cada pessoa no candomblé, muito mal chega a

• **XANGÔ** •

conhecer seu orixá e isto pouco a pouco. Há pessoas no Ilê Axé Opô Afonjá, confirmadas no seu posto que mal sabem o orixá de sua cabeça, quanto mais a qualidade do seu orixá ou o *ajuntó*, palavra do candomblé Angola para designar a energia subdominante na pessoa. A religião iniciática descortina o conhecimento pouco a pouco.

Xangô é mimetizado como São Jerônimo, de novo por semelhança na imagem; São Jerônimo é representado com um leão a seus pés e sendo este o animal principal de Xangô, os escravos passaram a usar este tradutor da bíblia como capa para Xangô que ainda mimetiza-se com São Pedro, na sua qualidade de Ayrá. A festa maior de Xangô, dono da casa no Ilê Axé Opô Afonjá realiza-se todo ano no dia 29 de junho, apropriadamente dia de São Pedro. Curioso que em Cuba, Xangô se mimetiza em Santa Bárbara, numa confusão de gêneros que faz refletir, afinal, que orixá não tem sexo. No Brasil, todos sabem, Santa Bárbara responde por Iansã, pois carrega uma espada como Oiá, orixá guerreiro.

É preciso ter cuidado, no capítulo dos nomes, para não confundir qualidade com *orukó*. Este último é o nome ritual, com o qual a iaô é rebatizada ao se iniciar na religião de Ifá. É o próprio orixá quem lhe confere o *orukó* numa cerimônia consentaneamente chamada de "Nome da Iaô", ou seja, manifestada e portanto não mais a pessoa e sim o orixá, a iaô brada seu nome que é recebido com festas, gritos e toques de atabaque. Este nome é individual e tem sempre alguma significação literal ou simbólica. No caso de um obá, trata-se de um *oyê*, um título, digamos, pois são 12 títulos fixos que passam de um para outro só por morte do titular. No caso do ogã, trata-se de *orukó*, também. Todavia, o *orukó* do ogã é-lhe conferido pelo orixá de quem é ministro, que o pega pelo braço, leva-o ao meio do salão e brada seu nome, com semelhante ovação da platéia.

No Ilê Axé Opô Afonjá, os *orukós* são do conhecimento de todos que, inclusive dentro da roça se tratam pelo *orukó*, hábito arraigado há muito tempo. Em outras casas, como a Gantois, por exemplo, o *orukó* é guardado em segredo. Uma vez quis saber o *orukó* de mãe Menininha e nenhum dos pesquisadores e iniciados amigos meus o sabia. Um deles chegou a se irritar quando duvidei que soubesse, prometendo que iria-me dizer no outro dia, pois o havia esquecido e precisava consultar seus alfarrábios. Vim a saber, sem querer, do orukó desta santa mulher por acaso. Mãe Meninha era de Oxum, de qualidade conhecida como Oxum Meri. Eu sou ogã de Oxum e, apesar do posto conferir a paternidade espiritual sobre todas as filhas de Oxum, é-se ogã da Oxum de uma determinada pessoa. Acontece que a filha-de-santo de cuja Oxum eu sou ogã por coincidência tem o mesmo *orukó* de mãe Menininha. Depois que o soube mantive segredo, respeitando a tradição da casa irmã. Axé não se divide. Axé se multiplica. A Casa Branca, o Gantois e o São Gonçalo partilham do mesmo axé, portanto são a mesma casa.

Presumo (não sei se com certeza) que a tradição de manter segredo sobre o *orukó* mantida pelo Gantois remonte ao tempo da perseguição do candomblé pela polícia, tempo em que era visceral manter o segredo do nome religioso que funcionava, provavelmente, como um codinome. O Ilê Axé Opô Afonjá jamais foi pertubado pela polícia, jamais se registrou na Delegacia de Jogos e Costumes como outras casas. Isolado, no mato, nos arrabaldes da Bahia, a polícia tinha mais medo de lá se aventurar do que os devotos de Xangô temessem a polícia. Conta-se que, uma vez o célebre governador da Bahia, J. J. Seabra procurou mãe Aninha no São Gonçalo, a fim de lhe solicitar que despachasse um certo inimigo político e a ialorixá lhe disse: "Aqui não se faz isso, não, sr. Governador. Pode ser que se faça isso lá no seu palácio, mas aqui não." E o governador, escabriado, foi-se embora de mãos abanando. O candomblé de São Gonçalo preserva até hoje sua tradição de ortodoxia e pouco envolvimento com a sociedade global. Mãe Ondina, a ialorixá anterior a mãe Stella, foi casada 35 anos com um funcionário da Rede Globo e nunca saiu na televisão, a não ser por sua morte, em flagrantes do seu enterro.

3 | CAMINHO LITÚRGICO

Na festa de Xangô celebra-se o fogo e as virtudes essenciais da justiça da paz e da união – *Faraimará* – abraçai-vos, uni-vos. A coroa como símbolo de realeza mas também do universo dinâmico é um símbolo sempre presente. Na Casa Branca do Engenho Velho, casa-matriz, a coroa de Ogodô circula em volta do interior do barracão, toda bordada e esculpida. Xangô guerreiro também é celebrado com seu toque mais característico que é o *alujá*, ao som do qual

Xangô dança despedindo raios. O candomblé de Keto tem uma riqueza percussiva muito grande. Cada orixá tem um toque principal característico e às vezes mais de um. Ainda há outros toques comungados por vários orixás, os corridos, o *adarrum*, a *avania* (toque de saída), e vários outros. O toque típico de Iansã, por exemplo, é o *ilu*, chamado popularmente de quebra-pratos. O toque de Omolu é o *opanijé*. O toque de Oxalá é o *ígbi*, o de Oxóssi o *agueré*, assim por diante. O toque *ijexá* é típico da corte de Oxalá mas também pega Oxum, Iemanjá e secundariamente qualquer outro orixá.

Esses toques polirrítmicos do candomblé ainda estão por ser devidamente catalogados e estudados. Mesmo porque, são extremamente difíceis de se escrever como um todo, dada a complexidade da polirritmia que apresentam. Vários musicólogos já gastaram rios de papel para escrever o tambor chamado rum, sem sucesso. Pudera. O rum improvisa permanentemente sem uma frase recorrente que possa estabelecer um padrão. Fascinado por esses ritmos, tentei adaptá-los à música popular e comecei pelo *ijexá*, na década de 60. Ossâim foi o primeiro ijexá da música popular brasileira, com letra e cântico pesquisado por mim, uma cantiga que pega Ossâim e Omolu, meu orixá. Com música de Antônio Carlos Pinto e José Carlos Figueiredo, esta canção teve dezenas de gravações, inclusive do Trio Tamba. A percussão de todas as Africas e as influências indígenas e européias fazem dos percussionistas baianos os melhores do mundo. Paul Simon veio dos Estados Unidos tocar com o Olodum e Michael Jackson só quis gravar no Brasil com este grupo. Isto diz bem da riqueza rítmica da percussão brasileira de origem africana. Aliás, os ritmos africanos, através do jazz, são a grande contribuição para a música erudita no século XX.

Ravel, Stravinsky, Debussy foram influenciados por música africana. A Europa evoluiu enormemente em termos de melodia e harmonia. Entretanto, no que tange ao ritmo, a Europa engatinhava quando os ritmos africanos entraram em cena. Na Bahia, a confluência de todos eles os levou à maestria.

Com a incorporação dos ritmos cubanos, também oriundos do candomblé, aos ritmos jamaicanos e do jazz e da bossa nova, a chamada música do axé da Bahia extrapolou nossas fronteiras, levando a todas as partes o ritmo mais contagiante e sofisticado do planeta. Basta dizer que, no festival de Jazz de Montreux, o mais festejado do mundo, há uma noite para cada país e o Brasil tem duas: a noite do Brasil e a noite da Bahia, em que os ritmos mais incríveis desfilam perante um público empolgado, como já tive ocasião de presenciar como convidado. Toda essa riqueza rítmica, sinfônica, origina-se da percussão litúrgica que reproduz os ritmos cósmicos para sintonizar com a dança dos planetas, cometas e estrelas, para invocar e presentificar os orixás até seus fiéis, para, neles incorporados, confraternizarem com todos – *faraimará*. Entre os ritmos e danças mais movimentados, sem dúvida, os de Xangô, destacando-se a valsa dobrada do *alujá* toda quebrada pelo improviso do rum, em 6 x 8.

4 | O CAMINHO DO SACRIFÍCIO

Há quem se refira à matança de animais no candomblé como ritos selvagens e sangrentos. Nada disso. Sangrento e selvagem é o bárbaro rito de matança de animais para luxo e lucro. Os bois, no corredor do matadouro, sabem que vão ser trucidados e despejam hormônios tóxicos no sangue que envenenam sua carne. Os animais que se destinam ao sacrifício no candomblé são minuciosamente preparados e purificados sem oferecer a menor resistência, de bom grado, diríamos, pois vão ser oferecidos em holocausto ao orixá e evoluirão espiritualmente através do sacrifício. Depois, parte substancial da carne desses animais destina-se a ser consumida numa ceia comunal que ocorre durante a festa pública do barracão. Carne absolutamente hígida porque purificada espiritualmente e sem nenhuma toxina produzida pela agonia brutal do bicho. Sacrifícios semelhantes eram oferecidos em Israel no passado e são descritos no *Velho Testamento*, onde se pode perceber finalidades idênticas e rituais muito parecidos de sacrifício dos mesmos animais.

A Xangô sacrifica-se, em primeiro lugar, o carneiro, mas também o cágado e o galo. Constitui-se tabu alimentar para Xangô o caranguejo, o feijão branco e o peixe de pele, *quizila*, como se diz na nação de Angola, *euó*, como se diz no Keto. As pessoas de Xangô não devem consumir essas três comidas jamais. E como o

• **XANGÔ** •

Ilê Axé Opô Afonjá é um terreiro Xangô, essas suas quizilas são estendidas a todos os membros deste *egbé* — caranguejo, peixe de pele e feijão branco estão proibidos a qualquer filho do São Gonçalo. O maior tabu de Xangô, todavia, não é alimentar. Diz respeito à morte, como já mencionamos. Tudo a ela ligado é abominado por Xangô. Seus filhos devem fugir de tudo que sequer cheire a morte, espíritos, outro mundo, acender velas em casa. Cemitério nem é bom pensar. O Ilê Axé Opô Afonjá tem sua casa do *ibô*, dos mortos, convenientemente colocada no extremo esquerdo do ilê. Nada que diga respeito a espírito deve ser feito perto da porta de Xangô.

A comida predileta de Xangô é o amalá, uma comida de quiabos, um caruru sem muitos condimentos, mais simples. No São Gonçalo, toda quarta-feira, dia de nossa semana dedicado a Xangô, o amalá é servido como oferenda ao orixá, e como regalo aos presentes, um ritual solene, de homenagem ao senhor do raio e do trovão, Xangô Afonjá, dono da casa.

5 | O CAMINHO DOS SÍMBOLOS

Por um procedimento litúrgico, o orixá se transporta e se condensa em um otá, pedra ritual característica e diferenciada para cada divindade, em ritual chamado vulgarmente de "assentamento do santo". Esta pedra, este *otá*, no meu entender, é um acumulador e depósito de energia, sendo, por conseguinte, uma pequena porção individuada da energia do orixá assentado, assim como a pessoa o é. Orixá, *otá*, e iniciado estão, pois, em inter-relação identitária, na medida em que, cada pessoa é também uma porção individuada do seu orixá, de sua seleção de consciência, de sua faixa de energia cósmica. A pedra de per si, em seu estado natural, já era uma diminuta e concentrada porção da energia do orixá.

No caso específico de Xangô, por exemplo, a pedra em que se assenta este orixá, seu *otá* típico, onde se assenta e se condensa a energia do Xangô do iniciado será, basicamente, de dois tipos: a pedra do raio (a que me referi antes) ou um meteorito cujo caminho de energização percorrendo o cosmo até chegar a nosso planeta o dotou de um alto teor de concentração energética. Na umbanda, como Xangô é também concebido como o orixá das pedreiras, a pedra de fogo, sílex, é também usada nos assentamentos deste orixá, preceitualmente.

Esta relação individuadora de identidade do iniciado com o *otá* e com tudo mais que venha a compor o seu assentamento (búzios, contas e outros objetos em uma vasilha apropriada, além de uma quartinha para água) é que faz com que o iniciado se refira ao conjunto material do seu assentamento como o seu orixá, o orixá de fulano, de beltrano, de sicrano. O meu Xangô, por exemplo, assentado no Ilê Axé Opô Afonjá, como parte da cerimônia que me confirmou *Otun Obá Aré*, foi assentado em um meteorito encontrado por acaso em uma fazenda.

No assentamento do orixá, é como se a energia da cabeça da pessoa fosse transferida qualitativamente, e numa intensidade renovável para a pedra, para o *otá* que está constituído de energia correlata. Esta pedra é, portanto, capaz de assimilar, conservar, e renovar com *ossés* e com o sangue dos sacrifícios, a energia de ambos que é, em última análise, a energia do orixá comum. Se essa energia do *ori*, da cabeça do iniciado atende pelo nome de Xangô, ele estaria *ipso facto* assentando o seu Xangô.

Esta cerimônia do assentamento e as relações identitárias entre o orixá, o iniciado e o seu assentamento são muito mal entendidas pelos antropólogos que as vêem com uma visão de fora e tentam empurrar, forçar, para dentro de suas fôrmas epistemológicas eurocêntricas procedimentos litúrgicos que não conseguem captar nem mesmo em seus aspectos mais exteriores, quanto mais nos seus fundamentos iniciáticos.

Como *abiã*, neófito, como ogã novo, mais tarde como ogã, obá novo e obá tive excelentes mestres entre os mais velhos de minha casa, do meu *egbé*. O Ilê Axé Opô Afonjá não é dono da verdade do candomblé, todavia possui nos seus quadros alguns dos maiores mestres da Bahia. Encimando a pequena pirâmide do meu limitado conhecimento, está meu mestre agbá, meu Grande Mestre, prof. Agenor Miranda, com quem, sempre que posso, revejo minhas intuições e os meus conceitos. Ao lado dele, em grau de idêntica importância, estão Antônio Alberico de Santana, *Obá Kankanfô*, já mencionado neste livro, Deoscóredes Maximiliano dos Santos, Mestre Didi, Vivaldo Costa Lima, *Obá Odofi*, Yeda Pessoa de Castro, *Olobumi* e Valdeloir Rego, *Iwin Dunse*. Há, ainda um débito muito especial do meu parco conhecimento àquelas que, mais que mestras, são as minhas mães. Mãe Ondina Iwin Tonan, que me deu a mão de jogo e que me fez ogã, e Mãe Stella, Odé Kayode que me fez obá, secundadas por Mãe Georgete, *Eim Oxum*, minha mãe, minha filha, minha *la kekerê*. Axé.

Todos estes são unânimes em condenar aqueles que deduzem e inventam verdades fabulosas sobre o candomblé que, na verdade, só existem em suas pueris lucubrações, falsamente científicas. Durante a execução deste modesto ensaio, destes mestres me socorri, freqüentemente, para verificar a procedência de minhas ilações, intuições e informações. Ao agir assim, não fiz mais que minha obrigação, buscando a ratificação dos mais velhos para conceitos que, de repente, podiam até ser estapafúrdios. A melhor razão está sempre perigosamente próxima dos limites da loucura.

Os símbolos mais comuns de Xangô são a coroa, sincreticamente adotado para expressar realeza, o *oxê*, machado duplo, acha de guerra, machadinha bipene, originalmente feita com duas pedras rituais, que também era um objeto de culto dos povos mediterrâneos desde a idade dos metais. Esta machadinha, por exemplo, é empunhada por Teshub, deus hitita com as mesmas mesmas qualidades e atributos de Xangô, como o deus Hadad, Ugarítico e Thor, deus viking do raio e do trovão que empunha martelo, semelhante ao oxê, para dominar as tempestades. No *Livro de Jó* (Cap. 37 vv.2-5, principalmente) há uma descrição do Deus de Israel que o aproxima muito, que o identifica a Xangô. No seu embasamento, as culturas apontam para direções semelhantes.

Ao esmiuçar a simbologia do *oxê*, entendo-o, além de símbolo do poder de Xangô sobre o raio e o trovão, como a resolução, a conciliação das polaridades como guerra x paz, masculino x feminino, inocente x culpado, bem x mal, e o oriental yin x yang. Como a balança, símbolo bipolar empunhado por Themis, a deusa grega da justiça, o *oxê* corta para condenar, corta para absolver, exprime as ambivalências e oscilações do julgamento. Xangô, orixá por excelência da justiça, empunha *oxês* de vários formatos, inclusive quando dança no barracão. Um destes, tem formato de chifres de carneiro, animal sagrado de Xangô. Vejo nisto uma simbologia zodiacal, conectando este orixá, mais uma vez com o sol. A constelação de Aries, o carneiro (animal sagrado de Xangô) tem como complementar oposto a constelação de Libra, a balança, símbolo tradicional de justiça, aqui representada pelo *oxê*. *Oxê* e carneiro, simbolizaram o percurso aparente de 180° do sol (que Xangô simboliza) no firmamento, na eclíptica.

Outro objeto que Xangô possui no culto, outra ferramenta do orixá, como se diz no santo, é o *xeré* que só pode ser empunhado pela ialorixá ou pelos seis obás da mão direita. Estes chocalhos, em número obviamente de seis, encontram-se deitados, três de cada lado, no *pepelê*, altar do rei do fogo. São feitos de cobre, compostos de um cabo que se alonga para terminar num formato quase esférico, bojudo. Na festa de Xangô, os obás da mão direita, antes de se dirigir ao barracão, passam no *peji* e pegam os *xerés* para invocar, salvar e incitar o orixá. Na condição de otum, suplente do primeiro Obá da mão direita, *Obá Aré*, atualmente Antônio Olinto, eu tenho o direito de empunhar o *xeré* mas só na sua ausência ou se o *Obá Aré*, ele próprio, o passar à minha mão. Esta é uma ferramenta de muita responsabilidade porque, ao brandi-la, chocalhando, presumidamente se presentifica Xangô; incrementa-se sua energia, e um orixá não deve ser presentificado nem incitado à toa.

Já me referi às quartinhas com a água ritual que se muda no *ossé*, cerimônia semanal de limpeza, purificação e renovação de todo aparato do assentamento do orixá. Moldados em cerâmica, conforme for o caso, também podem ser pequenas talhas, com a mesma finalidade. Os artefatos de barro completam-se com alguidares de vários tamanhos, nos quais é servido o amalá a Xangô, sua comida ritual, todas as quarta-feiras. O amalá é também servido aos circunstantes, povo-de-santo ou visitas, na sala de jantar da casa. Alguns destes vêm oferecer um amalá votivo a Xangô, como retribuição por alguma graça ou para poder consegui-la. É também no *peji*, palavra jeje para o santuário, que a ialorixá consulta o oráculo através dos búzios. A tradição pede que, ao entrar no *peji*, a pessoa esteja de corpo limpo e que descalce os seus sapatos. Mulher menstruada não pode entrar nesse recinto, mesmo que esteja de corpo limpo. É um *euó* particular.

Xangô é muito severo e exigente com seus filhos, não lhes permitindo cometer infrações ou violar seus preconceitos. Castiga-os pesadamente quando desrespeitam a lei, tanto dos homens quanto dos orixás, especialmente quando não cumprem os ditames de Xangô; quando desrespeitam suas quizilas. Contudo, seus filhos que andam na linha são generosamente contemplados com suas dádivas, principalmente com o poder e a riqueza, atributos de Xangô, geralmente concebido pelo povo-de-santo como o dono do ouro. Há uma qualidade de Xangô, inclusive (sobre a qual há polêmica) chamada de Xangô de Ouro, na umbanda. Mas já ouvi um mais velho dizer que todo Xangô é de ouro.

6 | O CAMINHO DAS FOLHAS

A folha mais característica de Xangô é a *ipessã*, a folha do bilreiro que entra nos seus preceitos mais comuns. A *folha de manga espada* é geralmente atribuída a Xangô, ou mesmo qualquer folha de mangueira, confirma Valdeloir Rego. A de manga espada é preferida para forrar o barracão nas festas de Xangô. As folhas são estritamente necessárias ao culto, aos orixás e, por extensão, à vida. *Kossi euê kossi orixá*, diz um provérbio de santo – sem folha não há orixá –

• XANGÔ •

provérbio este que tomei e desenvolvi numa canção, *Salve as Folhas*, em parceria com o cantor Geronimo, em que narro concisamente uma lenda em que Ogum estava no mato quando viu uma luminiscência verde no alto de um Iroco, árvore sagrada e orixá. Ogum, assustado, indagou quem lá estava e uma voz respondeu (na canção): "Eu guardo a luz das estrelas na alma de cada folha, sou Aroni". Aroni é um dos nomes de Ossâim, orixá das folhas, e a resposta elucida o processo de fotossíntese, pelo qual se fixa o oxigênio e se desprende gás carbônico por efeito da luz do sol. O candomblé é uma religião que respeita carinhosamente a natureza. Não se tiram folhas depois das 6 horas; não se tira uma folha sem antes fazer um ritual de purificação, por estar violando um princípio natural – a folha é feita para ficar na árvore e dela somente cair quando secar – não se tira uma folha sem haver um motivo cabível. *Kossi euê, kossi orixá*.

• XANGÔ •

O orixá Ossâim, inclusive, tem gerado uma série de equívocos, por uma má interpretação de sua essência e de suas características e até de seu sexo. Ossâim, orixá das folhas, do verde, da clorofila, é quem preside, pois, todos os processos litúrgicos que envolvam o poder terapêutico restaurador ou catalisador das folhas. Ora, para se preparar um banho de folhas, panacéia de uso freqüente, costuma-se ralar as folhas, atritar umas com as outras para desprender o sumo que procederá a cura ou a unção. Chama-se a isso no candomblé de *aló* que, por metonímia, estende-se às práticas do homossexualismo feminino. Por isso, existe um livro na praça intitulado *Ossâim, a deusa das folhas*, atribuindo o sexo feminino a este orixá, como alguns até defendem.

A antropomorfização gera esses equívocos na questão do sexo no candomblé. O gênero do orixá, por exemplo, é independente do sexo do filho. Um homem pode ter santa mulher, uma mulher pode ter santo homem. Todavia, as mulheres de santo homem recebem um tratamento masculino, são chamadas pelos companheiros de pai ou papai, principalmente se a *adoxu*, iniciada, for de Oxalá. Há quem duvide quanto ao sexo ou gênero de certos orixás, como relatamos acima com Ossâim. Há até quem fale em orixás *metá/metá*, como se existisse uma energia homossexual. Não. O que há é manifestações ora de emissão de energia, ora de recepção, ora *Yin* ora *Yang*, como dizem os orientais. A energia então é expressa antropomorficamente como santo homem ou santa mulher. Porém, há orixás que se manifestam, a princípio com energia *Yang* e podem, depois, passar a ter uma energia *Yin*, ou seja há santo homem que pode passar a santa mulher após um decurso de tempo (geralmente seis meses) e vice-versa. Não obstante, quando o santo é homem; é homem; quando é mulher, é mulher. Não há coexistência de estruturas sexuais simultâneas nos orixás, como há nos seres humanos. Não há homossexualismo entre os orixás nem simultaneidade no axé. A manifestação é uma ou outra.

Outra confusão que os pesquisadores fazem é quanto à identificação do que seria o sexo dos orixás, ou sua manifestação energética original. Entretanto, a identificação é mansa e pacífica no candomblé, com método da maior simplicidade, ratificado pela Tradição. Quem tem santo homem dá o *odobálé*. Quem tem santa mulher dá o *iká*. O *odobálé* é uma saudação em que a pessoa, prostrando-se de bruços ao chão, alinha os braços ao corpo, estirando-se para trás com as palmas das mãos voltadas para cima, erguendo o rosto, sem abaixar a cabeça. O *iká* é uma saudação mais elaborada que é feita girando o corpo para a esquerda, apoiado no cotovelo, juntando as mãos uma sobre a outra, direita sobre esquerda, depois apoiado no cotovelo direito, girando, e também juntando as mãos, desta vez a esquerda sobre a direita. A saudação indica o gênero do orixá de quem saúda e não do orixá saudado. Uma pessoa de Xangô ao saudar Iemanjá, dará o odobálé. Uma pessoa de Iemanjá ao saudar Xangô, dará seu iká.

Há certos orixás que sofrem mais com essa barafunda de homem ou mulher. Os pesquisadores confundem tudo, criando essas histórias de androgenia, homossexualismo etc. O povo-de-santo sabe sempre ao certo o gênero, pela saudação. Oxumarê, por exemplo, o mais caluniado dos orixás, chegou até merecer uma minissérie de televisão em que era personificado por um homossexual com problemas psicossociais, Oxumarê é santo homem. Seus filhos dão odobálé. Euá é santa mulher e contrapartida feminina de Oxumarê. Um é cobra macho, o outro é a cobra fêmea e se revezam em seus papéis, mutuamente. Quando Oxumarê assume,

• **XANGÔ** •

digamos, uma personalidade feminina, Euá assume a masculina e vice-versa. Um passa a ser o outro mas não há um estado de androgenia ou de homossexualismo no que, não passa de manifestações energéticas alternadas de emissão e recepção equivalentes, ou similares.

As interações de energia e personalidade entre orixá masculino e filho feminino, ou orixá feminino e filho homem e seu resultado final na constituição psicológica da pessoa são tão complexas que não caberia discuti-las nos limites exíguos deste trabalho. Esta questão não se pode resolver com a aferição dos percentuais de masculinidade ou de feminilidade que resultariam da combinação de energias até díspares ou conflitantes, de acordo com a compreensão racional e lógica. A questão não é tão simples assim. Diria, no entanto, que o viés do sexo não seria o mais importante a considerar na composição da personalidade do homem com santa mulher ou de uma mulher com santo homem, a depender de que seja ou não um iniciado, quando as ponderabilidades variariam, por ter sua energia mais ou menos desenvolvida.

É importante considerar, sim, o que de contraditório poderia haver entre a aparência convencional e o papel que o homem ou a mulher, coercitivamente, devam ter em sociedade para que sejam aceitos como tal e o teor da energia interior deste homem ou desta mulher que, convenhamos, em muitos de seus aspectos não guarda nenhuma relação direta com o sexo. Os atributos ativos, por exemplo, são sempre encarados como positivos e caracterizadores do sexo masculino. Os atributos passivos são sempre considerados negativos e próprios do sexo feminino. Garanhão é positivo. Égua é negativa. Homem público é galardão. Mulher pública é vergonha. A agressividade, a valentia, a coragem é personalizada como um atributo masculino.

• **XANGÔ** •

Se alguém fraqueja, o comando de incitação é: Seja homem; e a admoestação é: Deixe de ser mulher. No entanto, há mulheres valentes e homens covardes até com mais freqüência do que o lugar comum machista sonharia.

O orixá, a seleção de cabeça, de consciência cósmica, nada tem de muito pertinente com o sexo do seu filho – muito o tem com sua cabeça, com sua consciência, com sua energia interior que transparece, exteriormente, no comportamento da pessoa, muito mais na sua intensidade sexual do que na sua opção, que poderá, isso sim, ser motivada por inclinações genéticas, sociais ou culturais. A problemática complexa e neurogênica que envolve o sexo é dos seres humanos e, em menor escala, dos seres que possuam uma reprodução sexuada. Não é uma problemática que afete os orixás.

7 | O CAMINHO DA COR

A cor é um importantíssimo dado simbólico no universo dos orixás, vez que referencializa de imediato a intensidade da energia. Na teogonia iorubá, a primeira luz a se originar teria sido a luz do branco, a luz branca que ao irromper determinaria, primeiro, a presença dos orixás *fufun* e em seguida se esgalharia nas cores dos outros orixás. Também a polaridade básica dos orixás é expressa através da cor: o confronto de Olorogum dá-se entre o branco, *funfun*, e o vermelho, pupá; a corte de Oxalá x a corte de Xangô.

A dualidade vida/morte, aspecto da antropomorfização do estático/dinâmico se expressa através da cor, da terminologia dos sangues vermelho, preto e branco, os três princípios ativadores do candomblé, como lembra Mestre Didi. Para efeito de classificação, o cromatismo iorubá reduz as cores do arco-íris ao vermelho e preto, acrescentando-lhes o branco. Assim, verde seria preto, azul seria preto. Por outro lado, amarelo seria vermelho, laranja seria vermelho também.

A polaridade simbólica do branco e do vermelho, do estático e do dinâmico, da vida e da morte é que está expressa através dos preceitos da *quizila*, no Angola, *euó* no Keto, o tabu, a incompatibilidade alimentar, física, química, ambiental, espiritual que se referencializa na cor. Assim, a maior quizila de Oxalá é o vermelho e

• XANGÔ •

por extensão simbólica a pressa, a afobação, o sal, a pimenta, o sangue, a confusão, o caos, o calor excessivo. Seria de se esperar que o branco fosse também quizila de Xangô, rei do vermelho. Contudo esta polaridade está resolvida antropomorficamente, por descendência, hereditariedade.

As cores simbólicas ou heráldicas de Xangô são a vermelha, sua cor característica, representando o fogo, mais a branca, indicando sua origem em Oxalá, a marca da paternidade que não é renegada mas incorporada, conciliada simbolicamente dentro do impulso dinâmico de renovação, dentro do ímpeto do fogo. O oxê, com suas lâminas bipenes, indica a conciliação das polaridades. As cores vermelha e branca também indicam conciliação de extremos, algo assim como o Yin/Yang dos orientais, o equilíbrio de forças, pois.

O referencial simbólico das cores expande-se para os fios de contas ostentados pelo povo-de-santo como proteção, amuleto, talismã. As contas, por um lado conservam a energia, são positivamente benéficas. Por outro lado, elas repelem o mal, afastam o *olho grande* o *oju kokorô*, a inveja, classificada como pior feitiço. Estas guias, como alguns as chamam, submetem-se a um processo de lavagem que se designa a energizá-las e dotá-las das propriedades protetoras de trazer o bem e repelir o mal. O mais eficaz método de energizar as contas é lavá-las no sangue sacrificial de um bicho, o mais adequado sendo o sangue dos processos de iniciação que, além do mais dotam as contas de um conteúdo adicional, por sua historicidade, seu valor afetivo e instaurador.

Os *fios de contas* chamados alhures de *guias*, encerram em sua simplicidade profundos conteúdos simbólicos e associações cosmológicas, como aliás tudo no candomblé, uma religião holística, integrada totalmente nos trâmites

• XANGÔ •

existenciais, no dia-a-dia dos indivíduos e da comunidade e no cosmo, no todo. No universo plural e integrado dos negros as coisas não se dissociam: a unidade persiste na diversidade, a diversidade se mantém na multiplicação do uno. Assim, as coisas não são dissecadas racionalmente para serem entendidas nem, dispostas à parte em compartimentos estanques para serem melhor vivenciadas. Tudo se oferece e desdobra como um *continuum*, onde a descontinuidade vai aparecer quando se fizer o momento, a ocasião propícia, a necessidade.

O barracão é um local sagrado, litúrgico, mas, em prioridade, no momento da cerimônia do Xirê, da festa pública, e será adredemente preparado para isto. Porém, o barracão pode ser, também, o auditório para uma palestra, até um salão de festas. Não há, no candomblé (salvo no que seria o santuário) uma destinação rígida para as coisas. As coisas estão aí integradas na vida. O que faz de uma faca um objeto de vida ou de morte é a intenção com que é empunhada e não seu potencial intríseco de destruição. No entanto, todos devem ter cuidado ao empunhar uma faca, perícia ao manejá-la, quer para cortar um bife ou ferir um adversário. Cuidado e perícia são palavras-chave no culto de Ifá, no *iwá pelé*, caminho da suavidade. Medo é uma palavra muito especial. O conceito de medo no candomblé está eminentemente associado ao que não se pode, ou não se deve fazer. Vem intimamente atado ao conceito de *quizila*: Se o seu orixá não pode, não gosta, não quer, você deve recear fazer para não desagradá-lo. É algo incompatível com sua energia como ligar um aparelho para 110 em 220 volts.

Note-se que essa relativização geral no candomblé tem vigência tanto no âmbito do macrocosmo, como do micro. Cada orixá é concebido como uma faixa seletiva de consciência, de energia, cuja contrapartida humana seria uma porção individuada dessa faixa cósmica. E, no interior de cada faixa energética, variariam não só as nuanças de cada faixa, como o grau de consciência que poderia ter. Um dos procedimentos ao se fazer o santo de alguém é o de abrir o *ké*, a interjeição primal, o grito, a marca sonora daquele orixá que assinala sua presença em teor de consciência e expressão que, no caso de Xangô, em última análise, seria uma labareda, mas uma diminuta labareda sob controle, não uma chama arrasadora; uma labareda metonímica, como um cartão de visitas.

Cada orixá deve ser entendido, pois, como uma faixa dinâmica, oscilante, pulsante, viva, ora mais, ora menos dinâmica e assim se referencializam pela cor. O mais dinâmico dos orixás femininos, Oiá, *ufufulelé*, o vento, que nunca pára, veste o vermelho caboclo, amarronzado, mas tem uma de suas qualidades que veste branco, a Oiá Ijebé, a quem o povo-de-santo se refere dizendo que está ou vem colada com Oxalá. No outro lado, está Iansã menina, Oiá Niké, que é expressão mais viva do vento, o ciclone, o furacão, como meninos irresponsáveis brincando de ventar, próxima portanto de Exu, e de sua irresponsabilidade de *trickster*. Freqüentemente se diz, no candomblé, que os orixás meninos são equivalentes a Exu. Já ouvi um mais velho dizer que Oxaguiã, contrapartida jovem de Oxalufã, seria, na verdade o Exu de Oxalá. Ora isso não passa de uma forma codificada de referencializar a relatividade da energia do orixá pai do branco, da calma, da paz, vez que, sendo Exu o princípio dinâmico de tudo, na verdade essa pessoa queria dizer que Oxaguiã é a forma dinâmica do pacífico Oxalá, o aspecto dinâmico, do mais estático dos orixás.

Oxalá e Exu colocam-se neste tipo de expressão do povo-de-santo como os extremos de uma

• **XANGÔ** •

polaridade quase absoluta que, na realidade, é de Olórun x Exu, nos seus extremos. Contudo, Olórun é uma entidade abstrata e distante, Deus, *Primum Mobile* de uma África que não teve Aristóteles (nem Descartes) e não está ao alcance litúrgico do candomblé; sob esta forma absoluta não baixa jamais. Já Exu, apesar de toda sua intensidade dinâmica, está presente sob inúmeras formas mais ou menos abrandadas e antropormofizadas e pode ser tomado como parâmetro, se bem que, sua energia, freqüentemente incontrolável, faz com que se o prefira a distância, apaziguado, saciado e quieto. Por isso tem uma cerimônia à parte, anterior à festa, o *padê*. Veja-se que o Olorogum é a guerra de Oxalá e Xangô, por onde se depreende que é o confronto das formas mais palpáveis, perceptíveis ou brandas, que assumem Olórun e Exu na biosfera. Xangô, rei do fogo, como Oba Iná, é pois, uma manifestação mais branda de Exu sau-

• **XANGÔ** •

dado como Iná no *padê* um Exu consciente, e sob controle, ordenado, que em vez de tumultuar, dança e equilibra.

Aqui Exu não está considerado como uma entidade, com determinados atributos ou qualidades. Exu aqui seria a dinâmica propriamente dita, *kinetos* ou a energia que propulsiona a energia, a energia em si, sem nome, princípio dinâmico de tudo, antientropia, liberto do terceiro princípio da termodinâmica. Entende-se, pois, que tudo aquilo que tem uma existência dinâmica, cinética, movimento, vida, possui seu Exu individual e nisto estariam incluídos todos os seres vivos e todos os orixás. Só Exu não teria Exu, por conter-se em si próprio e Olórun, por ser o absoluto em perpétua imobilidade. Compreende-se a criação como o momento em que Olórun foi contaminado por Exu, ou seja, o instante em que o universo foi retirado da inércia pelo engendramento dentro de si mesmo de Exu, do movimento, da centelha criadora, catálise que provocou o *Big Bang*, digamos, para ser "científicos" compenetrados ocidentais.

Procuro compreender os orixás distribuídos em gradação, do mais cinético ao mais estático, contíguos, pois numa convivência harmônica como se imagina o universo. O conceito de catástrofe é mais um produto de nossa projeção antropomórfica. Não há catástrofe no universo, e isso Lavoisier viu muito bem. O que há é arrumação da casa, toda vez que se gera o desequilíbrio. E, novamente, o desequilíbrio é um dos aspectos de Exu, responsável pela irrupção dos sintomas para que se possa diagnosticar a doença. É por isso que Exu é um, é três, e é sete, sempre ímpar e impossível de se desdobrar em par. Cinco se desdobra em dois, dois e um. Nove se desdobra em quatro, quatro e um e ainda em dois, dois, dois, dois e um. Um é um, expressão básica e máxima de Exu. Três é um, um, um, três vezes Exu, e sete é três,

três e um, sete vezes Exu. Exu é símbolo do ímpar, do elemento instável que pode vir a provocar o desequilíbrio, e como tal existe ou pode aparecer em todo sistema. Nos seres vivos, a ausência de Exu acarreta a morte, a passagem do corpo do estado dinâmico para o estático, do orgânico para o mineral, de um para outro estado de consciência. A entropia só é possível pela falta de Exu. Haverá uma inconsciência absoluta? Se houver há de ser em condições zero de Exu. Exu é também a possibilidade da consciência, em todas as suas gradações. E se zero Exu for Olórun, a consciência absoluta só é possível na imobilidade absoluta, na noite de Brahma, digamos para lembrar os indianos, tão próximos da África.

No que tange à religião jeje-nagô tanto faz dizer-se a coisa como a energia da coisa, devido aos processos de substantivação das línguas polissintéticas. Ao me referir ao sol, sempre quero dizer também a energia do sol, as manifestações do sol. Já houve um mais velho, por exemplo, que me disse que o sol nascente é Oxaguiã, o sol poente Oxalufã, metaforizando, é claro, nascimento e morte, energias que brotam, energias que declinam até morrer. Por esse raciocínio, caberia a Xangô metaforizar a energia do sol de 45° mais ou menos até o *Zênith*, até o sol a pino, quando seria Exu, o calor máximo, a máxima energia do fogo solar. De novo, nos restantes 45° até o declínio estaria Xangô até se converter em Oxalufã. Muita matemática? Não sei. De fato, há uma cantiga ijexá de Oxalá.

> Mofilá l'àyê, ô, ilêwá
> Babaló l'ayê ô, ilê wá

Cantiga, em verdade, de saída do orixá em que se expressa o por do sol metaforicamente, ao dizer que papai sai do mundo e entra na Terra, sai do dia entra na noite. Mas, é bom que se diga, todas essas associações simbólicas são produtos de interpretações abertas.

Não há, no candomblé, em seu intricado universo poético, uma interpretação definitiva, fechada nem é a do povo de candomblé, por sua experiência a mais confiável. É freqüente ouvir de um iniciado a risada de mofa quanto a uma interpretação considerada mera "invenção". É que o conhecimento litúrgico é profundamente arraigado ao significante. A prática litúrgica aprende-se sem questionar porquê, e isto é básico em qualquer conhecimento esotérico. Somente os mais graduados vão pouco a pouco sabendo as conexões profundas entre aparência e a essência, e a razão subjacente aos fatos, razão esta, muito além dos rígidos conceitos ocidentais, razão porém, sempre razão, uma outra razão que não é de modo algum arbitrária e irracional, mas baseada em outra compreensão das leis do universo.

• **XANGÔ** •

No caso de Xangô temos uma potentíssima energia, a energia do raio, da tempestade, entretanto a temos domada, disciplinada, conduzida a um alto grau de disciplina Obá Iná, o rei do fogo, ou, por extensão, o rei de Exu significa, em última análise, o administrador do fogo, condutor do fogo, o cocheiro do fogo, como Apolo na mitologia grega era o cocheiro que conduzia a carruagem do Sol pelo céu, tirada por cavalos. Isto exigia, em verdade a habilidade de um deus. Quando Faetonte lhe pediu as rédeas do Sol, Apolo cedeu e logo Faetonte começou a conduzir muito mal, queimando a terra, provocando catástrofes; Apolo se apressou em retomar as rédeas, pondo o Sol em seu devido caminho. Nesta lenda, podemos encontrar uma explicação analógica para as relações de Xangô e Exu personificadas, também aqui. Faetonte estaria agindo infantil e irresponsavelmente, querendo brincar de cocheiro do Sol, no que estaria mostrando um dos aspectos de Exu. Apolo teria uma função igual a de Xangô, administrador do Sol, condutor do Sol, rei do Sol, do supremo fogo que governa o nosso sistema planetário.

Vê-se de pronto a importância visceral de Xangô como divindade, como um sol consciente, como ordenador, moderador e disciplinador de Exu e, ao mesmo tempo, aquele que propicia aos seres humanos a utilização pacífica do fogo aproximando-se assim do titã Prometeu que deu o fogo aos seres humanos. Dizem os mais velhos que Yangui é o Exu de Xangô, Yangui é o primeiro Exu o proto Exu, o propulsor do movimento primevo, o primeiro ser que surgiu desse movimento, mobilizando a argêntea refulgência da laterita a luz prateada, o fogo de prata, a luz de prata, *primum mobile* de tudo, a passagem do incolor ao branco, para que surgisse Obatalá, o rei do branco.

• **XANGÔ** •

Não há, para o conhecimento humano empírico, energia mais rápida e arrasadora que a do raio. A divindade de Xangô atribui-lhe o controle desta energia, deste poderosíssimo Exu. Em sua manifestação infantil, como orixá menino, Xangô é Aganju, na Bahia (Agayu, na Iorubalândia), a energia do magma que irrompe no vulcão que trepida no terremoto. Da união de Xangô com Nanã, no tempo em que a teve em seu palácio, é que surge sua parceria com Euá, orixá das fontes da água que brota do solo borbulhando como a lava, de todas as fontes, mas cuja manifestação mais autêntica está nas fontes que jorram, no geiser que jorra fervendo e, por extensão, estaria junto com Xangô no próprio vulcão. Vê-se nesta antropomorfização que a irresponsabilidade humana, como criança, é atribuída a uma força da natureza que será menina por ser inconseqüente, sem sentido, sem finalidade, como uma brincadeira, atributo de meninas. Já vimos isto antes no que tange à Iansã menina, também metaforizada como o tufão ou os ventos da tempestade. Por isso ela aí está associada a Xangô, Obá Iná e Iyafufulelé, o vento empurrando as nuvens carregadas de energias contrárias, de cujo encontro resulta o rasgar do relâmpago e o ribombar do trovão. É preciso um vento jovem para açular as nuvens velhas inertes, carregadas de ar, Oxalá, e de água, Iemanjá, para que surja o filho, Xangô, eis o processo antropomórfico da tempestade, como relatam os mais velhos.

Xangô está, pois, na raiz identitária do povo iorubá, pelo seu aspecto solar, gerador, criador, erótico, vivificador. Teria sido Oranyan, um Xangô muito velho e pai do primeiro a se chamar Xangô, informa Valdeloir Rego (Oloxan, ou senhor do raio do coruscar), o fundador do reino de Oyó e por extensão da nação iorubá, sendo, portanto, o orixá totêmico desse povo, marco inicial da sua origem divina, como sucede nas mitologias de outros povos.

A compreensão dos orixás vai muito além da camisa de força cartesiana, pois sabe-se que a lei básica do universo é não obedecer a nenhuma lei porque ele é quem faz suas próprias leis, e não estamos colocados em posição de abrangê-las – até em nossa galáxia nossa posição é medíocre e não conseguimos nem vê-la direito, só vemos o rabicho dela a que se chamou de Via Láctea. O conhecimento do candomblé pode ser simbolizado com precisão por Exu – ele é o gatilho da criação, mas é o primeiro a ser criado. Exu é o próprio paradoxo, única forma possível de se abranger os extremos da realidade sensível, porque a realidade não sensível não está ao nosso alcance, está além das nossas pretensões, além de nossa imaginação, pelo menos no estágio atual de aperfeiçoamento dos nossos sentidos.

• XANGÔ •

Se pedíssemos a um papua da Nova Guiné que imaginasse uma máquina que permitisse ver pessoas, seres e coisas que estão a uma longa distância, teríamos que começar definindo para ele o conceito de máquina e exatificando o conceito de distância. Após isto, seria, ainda assim, impossível que este primitivo contemporâneo pudesse imaginar uma televisão, e se pudesse fazê-lo jamais poderia compreendê-la nem fabricá-la. Assim nós, inteligências primitivas se comparados aos orixás, queremos entendê-los. Neste modesto esforço, só procuro descrevê-los; decodificá-los em palavras e imagens que os tornem mais redutíveis aos parâmetros ocidentais. Nem os iniciados mais elevados sabem o que são os encantados. Somente uma pequena parte deles, os que se iniciam profundamente na teologia de Ifá, como prof. Agenor, estes, cada um, um pouco sabem uma parcela mínima da verdade dos orixás. Isto, os que têm toda uma vida dedicada

• XANGÔ •

ao culto, busca do conhecimento íntimo das coisas, o que não é, de forma alguma, característico de nossa civilização, que busca o conhecimento para aplicá-lo na guerra ou para obter o lucro.

Os iniciados, *iaôs, ebomins, ialorixás* sabem cada um, um pouco da liturgia do candomblé, uns mais outros menos, de acordo com o grau e a função. Mas todos sabem pouco dos fundamentos teológicos do candomblé. E eu, sei menos ainda. Tomem tudo isto que estou escrevendo como um passeio, a *vol d'oiseau*, sobre uma floresta tropical emaranhada, e uma tentativa de enxergar o chão, bastante relaxada e despreocupada de perceber os detalhes precisos deste solo, quanto mais de perceber as raízes das poderosas árvores que nele se infiltram. De qualquer sorte, vale a pena olhar uma floresta de cima e deliciar-se com sua paisagem exuberante, mesmo que seja para descer e nela se perder, isto não tem nada de científico, meu procedimento não é científico. Mas, não seria assim a vida? Uma floresta onde fomos colocados sem direito de escolha do local e data? Saibamos que os orixás transcendem nossa fraqueza e que, se os soubermos encontrar, dar-nos-ão o devido amparo. E o encontro com o nosso orixá é o encontro do caminho que leva a si mesmo, e a completude, portanto o caminho da plenitude cósmica. Só devemos ter o necessário estoicismo de saber aceitar o que somos, seja mel ou fel, e de procurarmos o nosso complemento, o nosso aperfeiçoamento, o nosso rumo no *iwa pelé*, até a verdadeira personalização do despersonalizar-se por completo para ser inteiramente uno, com o todo.

Xangô é, por excelência, o iluminado, o justo, o equilibrado que dança mas não cai. Por isso é dos orixás mais humanos, mais exemplares para o comportamento mais ético e ordenado, para um caminhar mais sobre a terra, com os pés na terra, mas jamais arrastando-se sobre a terra, jamais sequer de quatro pés sobre a terra, até poder voar, levitar sobre a terra, como faz Xangô, mormente no *alujá*. O adorador de Xangô, ao dar o odobálé, é cedo instruído a não por o rosto no chão, a deitar o corpo a pôr os braços para trás, em sinal de submissão, mas a erguer a cabeça, em dignidade. Submissão hierárquica é sabedoria e não humilhação.

Quando Nietzsche disse que não podia conceber um deus que não soubesse dançar, ele, estava, sem saber, intuindo a visão de mundo básica do candomblé e imaginando, acima de tudo, Xangô, aquele que dança sobre o fogo sem se queimar. Um provérbio popular reza que, "quem brinca com o fogo é para se queimar", prevenindo aqueles que se arriscam perante o perigo. Que é viver, senão arriscar-se numa aventura cotidiana? Devemos ter medo de viver, então? Devemos temer até o solitário momento do perigo? Xangô está aí para nos ensinar com sua dança de equilíbrio como dominar o fogo, como oscilar e coreografar o medo, como executar o bailado dos sentidos – não reprimir os impulsos mas transformá-los em energias positivas, dar-lhes um sentido construtivo. Xangô está aí para dizer: é perigoso brincar com o fogo mas se você aprender o jeito certo de brincar você vai comer as coisas muito bem assadas, ainda mais se você aprender, também, a brincar com os temperos do seu gosto e que lhe fazem bem. Sem fogo é comer cru, insosso; comer sem tempero, ainda mais. Brincar com fogo vale a pena, diz Xangô enquanto nos incita a dançar no equilíbrio instável do *alujá*.

Tudo dança. "Quem fica parado é poste", diz um ditado popular. Xangô é a própria expressão do movimento que se sintoniza com o movimento e aí pode induzir a direção do próprio movimento. Ao dançar sobre um palco móvel você o modifica com seu peso e com seu movimento, e é preciso que os dois estejam integrados senão um repelirá o outro. Mas até poder influenciar o movimento, até brincar de Exu, é preciso, em primeiro lugar, integrar-se totalmente nele, a ponto que o seu movimento se identifique com ele e, portanto, seja nulo, ou melhor, completamente harmônico com o todo, sem destoar. Assim o candomblé entende o ser humano – como um integrante da festa do mundo e sábio, é quem se contenta não com o espetáculo, mas com a festa do mundo e nela sabe dançar – dançar bem, se todos dançam bem, mas também dançar mal se isso é o que todos fazem. Ninguém destoa de um conjunto sem ser punido, principalmente da natureza. Mas, ao dançar mal como todos, o bom dançarino saberá, devagar, mudar o passo, a dança com sua maestria, por seu exemplo, por sua astúcia de mestre, até que todos sigam seu exemplo e se purifique a dança da tribo.

8 | CONCLUSÃO

Conta o prof. Agenor que, quando a polícia perseguia o povo-de-santo, mãe Aninha do Ilê Axé Opó Afonjá, em dias de festa, fazia um preceito na porteira e os policiais se baratinavam, procurando, procurando sem nunca achar o terreiro, sem jamais incomodar. Para mim, este fato é análogo ao procedimento dos antropólogos de fora que ouvem o batuque, vêem as danças, presenciam ebós e matanças, mas jamais encontram o verdadeiro caminho da compreensão dos orixás, nem tampouco chegam a trilhar o *iwá pelé*, caminho da iluminação pela doçura, pela suavidade, pela gentileza, pela calma.

Contudo, se a todo instante, nesse texto, eu teço críticas a estes que buscam reduzir um conhecimento esotérico a parâmetros exotéricos; que buscam interpretar uma civilização com ferramentas epistemológicas de outra; que tentam modelar o outro de acordo com o eu, incorreria eu em erro semelhante se me arvorasse a dono da verdade ou se assumisse uma postura pomposamente "científica", racionalista, cartesiana. Não. Longe de mim tal pretensão.

Quando aceitei elaborar este livro, estava plenamente cônscio de que eu não podia ultrapassar os limites dos fatos históricos e da descrição dos fatos religiosos em seus significantes, seus exteriores. Toda vez que encetei um trabalho

• XANGÔ •

de elucidação ou interpretação de rituais ou de características dos orixás, o fiz a partir de dados exotéricos ou do conhecimento comum. As interpretações são, em boa parte, inteiramente pessoais e não revelam ou entregam quaisquer segredos do culto.

Por outro lado, procurei esclarecer, elucidar certos aspectos do candomblé freqüentemente subvertidos ou distorcidos por equívocos, folclorização ou incompreensão, quando não por preconceito, às vezes, do próprio povo-de-santo, elaborando a partir de uma distorção que surge no seio do candomblé e perpetua-se por inércia ou ignorância. Como já se disse antes, às vezes um simpatizante equivocado prejudica mais que uma pessoa de fora bem informada. Alguns chegam a incentivar, com uma ponta de orgulho, certas empulhações, porque aproveitam diretamente, não ao candomblé, mas aos empulhadores.

• XANGÔ •

É preciso, pois, cuidado, no trato com o candomblé. Cuidado com o que o se lê. Cuidado com o que se ouve. E mais cuidado, ainda, com o que se faz. A iniciação no candomblé, caso malfeita, pode causar mais danos do que benefícios. Por isso, é preciso escolher com muito cuidado a casa e o sacerdote ou sacerdotisa que vai presidir a iniciação. E lembrar-se sempre de que o conhecimento iniciático é gradativo, paulatino e exige discrição, segredo. Nunca é ocioso repetir – quem sabe cala, quem não sabe fala. *Enu ejá pá ejá*. O peixe morre pela boca.

Quando Xangô chega no *xirê*, na festa do terreiro, com sua presença vibrante, ele é saudado *Kauô kabiesile* e todos batem palma e aclamam quando este dinâmico orixá despede raios no passo do *alujá*. O culto aos orixás é um preito de alegria, um louvor à vida. Imanentes, os orixás evoluem da imanência à

• **XANGÔ** •

confraternização nos rituais coletivos do canto e da dança, na congenialidade dos *orôs*. Dançam com seus fiéis. Cantam com eles. Conversam com eles, dando-lhes valiosos conselhos, após consulta, ou mesmo dirigindo-se aos seus filhos para lhes advertir do perigo ou da má conduta. Abraçam seus fiéis. Irmanam-se. *Araketuê faraimará*. Povo de keto, abraçai-vos, uni-vos, diz uma cantiga propícia para momentos culminantes da festa, do *xirê*. Momentos em que orixás e fiéis comungam de suas presenças mútuas. Momentos em que a transcendência se faz mais que a imanência, se faz comunhão.

Xangô é, nesse processo comunal do candomblé, orixá fundamental como luz, chama, afirmação, expansão. Espero que, neste trabalho fruto da minha vivência e dos ensinamentos dos mais velhos eu tenha conseguido expor suas características de força e complexidade, brilho e majestade, doçura e severidade, características tão representativas e até emblemáticas da luta de um povo escravizado por sua liberdade, afirmação e voz altiva no sofrido contexto do Brasil. Axé.